btb

KARL OVE KNAUSGÅRD

Der Roman ist die Form des Teufels

TÜBINGER VORLESUNGEN

Aus dem Norwegischen
von Paul Berf

btb

INHALT

DIE LITERATUR MUSS VORWÄRTS GESCHRIEBEN WERDEN

IM ERSTEN TEIL der Anweisungen, die ich für diese Vorlesungen bekam, hieß es: »Die beiden Vorlesungen sollten sich mit ›Poetik‹ beschäftigen, also mit der theoretischen Reflexion über grundsätzliche Fragen und Konzepte von Literatur, von literarischen Formen und Genres.«

Obwohl ich Schriftsteller bin und der Beruf des Schriftstellers in meinen Augen in erster Linie eine praktische Angelegenheit ist, begrüßte ich diese Prämisse, als ich sie zum ersten Mal las. Mir gefiel sowohl, dass die Untersuchung theoretisch sein sollte, als auch, dass die Fragen an die Literatur grundsätzlicher Art sein sollten. Mir war, als hätte sich ein alter Freund bei mir gemeldet, denn damals, als ich Ende der achtziger und Anfang der neunziger Jahre Literaturwissenschaft studiert habe, nahm die Theorie eine so starke Position im literaturwissenschaftlichen Milieu ein, dass sie fast wichtiger erschien als die Literatur selbst.

Ich werde nie vergessen, wie ich im Herbst 1992 mit einem Freund den Zug von Bergen über die Berge nach Oslo nahm, um am Vormittag eine Vorlesung des französischen Philosophen Jacques Derrida zu hören und am Abend auf ein Konzert der britischen Band *Blur* zu gehen. Der Hörsaal war überfüllt, Hunderte, meist junge Menschen hatten sich an diesem kalten, sonnendurchfluteten Herbsttag in der Universitätsaula eingefunden, zu dem Konzert am Abend kamen dagegen kaum mehr als fünfzig Zuhörer. Der Philosoph und die Band waren natürlich identitätsstiftend, ein nicht geringer Teil der Freude daran, sie gesehen zu haben, bestand darin, hinterher in Bergen davon erzählen zu können. Das sagt im Grund alles, was man über uns wissen musste: Wir kannten uns ebenso gut mit französischer Gegenwartsphilosophie und Dekonstruktion aus wie mit jungen, aufstrebenden britischen Bands, waren also nicht nur auf der Höhe unserer Zeit, sondern ihr eventuell sogar ein klein wenig voraus.

Der Fokus auf Theorie beeinflusste uns natürlich auch auf andere Art. Die vielleicht wichtigste Konsequenz bestand darin, dass ein bestimmter Typ modernistischer, experimenteller Literatur bevorzugt und als die beste eingestuft wurde. Häufig waren es Bücher, in denen die Sprache Vorrang hatte, in denen es genauso wichtig, oder wichtiger war, was in der Sprache passierte, als in der Welt, auf die sich die Sprache bezog. Die Verbindung zwischen Sprache und Welt wurde in der Theorie ja sehr problematisiert, was in einem wenn möglich noch höheren Maße für die Verbindung zwischen Werk und Autor galt, sie heranzuziehen galt als regelrecht beschämend. Ich weiß noch, dass in einer Vorlesung über den Realismus gesagt wurde, der Glaube an das Referentielle, also daran, dass die Sprache in gewisser Weise transparent sei, bloß eine Art unsichtbare

Membran zwischen dem Leser und der Welt, die der Roman beschreibe, sei banal. Gleichzeitig las ich so und hatte immer so gelesen. Ich sah nicht die Buchstaben in *Madame Bovary*, nicht die Worte oder Sätze, ich sah den jungen Arzt bei einem Patientenbesuch auf einem ländlichen Gutshof. Charles hieß er, und ich sah die Tochter des Patienten, sie hieß Emma, sie stand mit der Stirn ans Fenster gelehnt und blickte in den Garten hinaus, als er den Raum betrat. Ich sah vor mir, wie sie sich zu ihm umwandte, und hörte sie fragen, ob er nach etwas suche. Meine Reitpeitsche, antwortete er, und ich sah sie nach dieser suchen, ohne dass einer von ihnen etwas sagte, auf dem Bett, unter den Stühlen. Sie fand die Peitsche zwischen der Wand und ein paar Säcken, die auf dem Boden lagen. Als sie sich daraufhin bückte, um sie aufzuheben, noch immer, ohne dass die beiden miteinander gesprochen hatten, und wahrscheinlich erfüllt von dem, was zwischen ihnen war, was dieses Schweigen zum Vorschein brachte, da bückte auch er sich, etwas unbeholfen, und ich sah seine Brust vor mir, die ihr nahe kam, und wie sie errötete, als sie sich aufrichtete und ihm wortlos die Peitsche überreichte.

Aber obwohl ich jegliche Literatur so las, und obwohl ich wegen der Gefühle und Stimmungen las, die sie in mir auslöste, verleugnete ich damals, als Literaturstudent Anfang zwanzig, meine eigenen Neigungen und Vorlieben und stürzte mich mit meinem ganzen Wesen in die Welt der Theorie.

Das ist sicher kein ganz unbekanntes Phänomen, erst recht nicht unter jungen Menschen – die Generation vor der meinen stürzte sich in ganz ähnlicher Weise in die Politik –, sie lasen marxistisch-leninistische und maoistische Schriften und ließen die Ideologie das Leben und dessen Verständnis bestimmen und nicht umgekehrt das Leben und ihr Verständnis davon die Ideologie. Der Unterschied bestand natürlich darin, dass die politische Ideologie auf das Verständnis der Wirklichkeit abfärbte und es bestimmte, während die literaturtheoretische Ideologie nur auf das Verständnis der Literatur abfärbte.

Ich machte damals meine ersten literarischen

Gehversuche, schrieb ein paar Erzählungen und begann einen Roman, aber das geschah eher nebenbei und halbherzig. Eigentlich schrieb ich vor allem Literaturkritiken für verschiedene Zeitungen und Zeitschriften. Es ist interessant, darauf zurückzublicken, denn in der Art, wie ein Kritiker über ein Buch schreibt, zeigt sich so viel. Eine Buchbesprechung soll einordnen, analysieren und bewerten. Die Kriterien, anhand derer das geschieht, stehen vorher fest, mit ihnen begegnet ein Kritiker der Literatur. Die Bücher sind natürlich ebenfalls fertig und anhand von ästhetischen Kriterien geschrieben worden, die der Kritiker herausarbeiten und deren Ausführung er beurteilen muss. Die Kriterien des Kritikers analysiert dagegen nur selten jemand. Ich selbst war blind für sie: Ich wusste durchaus, was ich meinte, aber die Frage, warum ich es meinte, stellte sich mir nie. Hätte ich sie mir gestellt, die Antwort hätte eine Poetik gebildet, verstanden als die »Reflexion über grundsätzliche Fragen und Konzepte von Literatur, von literarischen Formen und Genres«. Da diese Poetik weder erkannt noch definiert, aber ganz selbstverständlich gegenwärtig war, muss sie Allgemeingut gewesen sein, also etwas, das der einzelne Literaturinteressierte einfach übernahm, und damit war sie verwandt mit dem, was Roland Barthes eine Doxa nannte. Ich weiß nicht mehr, was ich vor fünfundzwanzig Jahren dachte, aber einige der Prämissen für die Urteile, die ich über die besprochenen Romane fällte, liegen auf der Hand. Sie sollten vor allem originell sein, und sie sollten das Genre in Frage stellen, zu dem sie gehörten, im Idealfall seine Grenzen überschreiten. Die Prosa sollte »Widerstand leisten«, sollte nicht glatt und fließend sein, und sie sollte möglichst etwas enthalten, was man in den Neunzigern »Brüche« nannte. Die Romane sollten ihre Einsichten entweder untergründig vermitteln, denn das Schlimmste waren Erklärungen und Psychologisierungen, oder sie so stark überzeichnen, dass sie in etwas anderes überschlugen.

Meine Ideale in der norwegischen Literatur damals, auf die sämtliche Punkte zutrafen, gehörten alle einer Generation an und waren ausnahmslos Männer. Jon Fosse, Tor Ulven, Svein

Jarvoll, Ole Robert Sunde und Thure Erik Lund. Hinzu kam der Erzähler und Superminimalist Kjell Askildsen, der zur vorherigen Generation zählte: Die Hälfte von Norwegens Erzählern versuchte zu schreiben wie er.

Was mir jetzt ins Auge springt und wirklich auffällt, ist der Gegensatz zwischen dem Begriff »originell« und der behaglichen Sicherheit, die einem die Poetiken dieser Autoren vermittelten. Wenn dann ein Buch erschien, das keinem der anderen glich, die damals herauskamen, zum Beispiel Kaj Skagens *Hodeskallestedet (Der Schädelort)*, verriss ich es schonungslos. Dass es originell war, was ich sonst doch so schätzte, kam mir niemals in den Sinn, weil es nicht auf die richtige, also spätmodernistische Art originell war. Originalität kann für mich also nichts anderes bedeutet haben, als das Erfüllen bestimmter Erwartungen, ähnlich wie »Bruch« ein leerer Begriff war, denn was geschieht, wenn der Bruch erwartet wird – es sollte doch gerade mit den Erwartungen gebrochen werden. Auch der Begriff Widerstand wird sinnentleert, wenn er es ist, der vorherrscht. Das soll die Bücher der genannten

Autoren keineswegs herabwürdigen – Tor Ulven, Jon Fosse und Thure Erik Lund haben Bücher geschrieben, die ihren festen Platz in der modernen norwegischen Literaturgeschichte einnehmen, und hätte Lund auf Englisch geschrieben, würde dies für seine Bücher auch in der restlichen Welt gelten. Nein, es ist eine Herabwürdigung meines damaligen Literaturverständnisses. Ich erwähne das allerdings nicht, um mich selbst schlechtzureden, sondern weil ich zeigen möchte, dass »Poetik« keine aktive Größe, kein Ergebnis einer bewussten Wahl und einer durchdachten literarischen Strategie sein muss, sondern auch eine passive, nicht anerkannte und manchmal auch unbekannte Größe sein kann, verbunden mit anderen, aber ebenso anerkannten Idealen, für die man nicht selten ähnlich blind ist, da sie Teil der Art sind, wie wir die Welt sehen, wodurch sie uns selbstverständlich erscheinen.

Das heißt auch, dass ich ein erbärmlicher Leser der Theorie war, die mich umgab und der es damals ja gerade darum ging, die Strukturen sichtbar zu machen, die ansonsten unsichtbar waren, verschwunden im Klammergriff der

Konventionen um das Verständnis und die blinden Flecken des Lesens. Darum ging es in Derridas Kritik des Logozentrismus, in Foucaults *Die Ordnung der Dinge*, in Barthes' *Mythen des Alltags* und in Kristevas Untersuchungen zu den nicht bedeutungstragenden Teilen der Sprache.

Doch die Theorie beschäftigt sich letzten Endes damit, zu lesen, zu analysieren und zu verstehen, was sie anhand von bereits existierenden Texten tut, ob es sich nun um Belletristik, Philosophie oder Geschichte, Reklame oder Gebrauchsanweisungen handelt. Mir stellt sich nun aber die Frage, wie ich der Anweisung gerecht werden kann, die ich bekommen habe: »Die beiden Vorlesungen sollten sich mit ›Poetik‹ beschäftigen, also mit der theoretischen Reflexion über grundsätzliche Fragen und Konzepte von Literatur, von literarischen Formen und Genres«, wenn es doch beim Schreiben von Literatur letztendlich um das Gegenteil geht, sich nämlich in etwas zu befinden, was nicht fertig ist, in einem Prozess, der nicht darin besteht, zu denken oder zu analysieren, sondern sich im Gegenteil davon freizumachen?

Wenn ich schreibe, und das tue ich jeden Montag bis Freitag zwischen zehn und halb drei, ist keines der Probleme, auf die ich stoße, theoretischer Natur, jedenfalls nehme ich sie nicht so wahr. Nein, alle Probleme, die im Schreibprozess auftauchen, sind praktischer Art. Und sämtliche Lösungen sind intuitiv, was bedeutet, dass sie nicht einmal als Gedanke auftauchen, sondern ihr Leben als Wahrnehmung fristen: das Licht oben im Bewusstsein scheuend, arbeiten sie im Dunkeln, gewissermaßen als Bergmänner, nahe den Träumen, Einfällen, Gefühlen und Stimmungen, die sich in ähnlicher Weise unterhalb des Bewusstseins befinden, in dem sie nur ausnahmsweise auftauchen.

Das mag sich mystisch anhören, ist es aber nicht. Für mich ist es vielmehr zu einer Methode geworden. Stoße ich auf ein Problem im Text, stehe ich vor einer Entscheidung, die mir wesentlich erscheint, höre ich auf zu schreiben. Stattdessen räume ich die Spülmaschine ein und stelle sie an, hole die Kinder von der Schule ab, gehe in den Supermarkt, koche, spüle, lege mich schlafen. Wenn ich mich am nächsten Morgen an den Schreibtisch setze, ist das Problem gelöst. Und das ist scheinbar ohne meine Beteiligung geschehen. Im Laufe der Jahre habe ich gelernt, mich auf dieses Phänomen zu verlassen, was immer es sein mag. Um eine »theoretische Reflexion« darüber vorzunehmen, muss man sich in Bereiche begeben, die nichts mit dem Text zu tun haben, sondern mit den Voraussetzungen des Schreibens, die den Voraussetzungen des Seins nicht unähnlich sind: Was heißt denken? Was heißt fühlen? Was heißt träumen? Was heißt erschaffen?

Die dem Schreibprozess eigenen Probleme liegen also außerhalb der Reichweite einer »theoretischen Reflexion über grundsätzliche Fragen und Konzepte von Literatur, von literarischen Formen und Genres«. Beim fertigen Werk sieht das natürlich anders aus. Dabei fällt mir ein Satz Søren Kierkegaards ein. »Das Leben wird vorwärts gelebt und rückwärts verstanden«, heißt es bei ihm. Gilt das nicht auch für die Literatur? Die Literatur kann nur rückwärts verstanden, muss aber vorwärts geschrieben werden.

Einer der originellsten Denker des vorigen

Jahrhunderts, Ernst Bloch, der im letzten Teil seines Lebens Professor an dieser Universität in Tübingen war, wies darauf hin, dass die Philosophie sich immer mit dem beschäftigt habe, was gewesen sei, mit der Vergangenheit und dem Fertigen, die Zukunft lasse sie dagegen unberücksichtigt. »Geschehen wird Geschichte, Erkenntnis, Wiedererinnerung, Festlichkeit das Begehen eines Gewesenen«, schrieb er. In seinem dreibändigen Werk *Das Prinzip Hoffnung* verkündete er seine Botschaft einer Philosophie der Hoffnung, des Tagtraums und der Utopie, oder mit anderen Worten, einer Philosophie für das, was noch nicht ist. Ein zentraler Begriff war für ihn dabei das »Noch-Nicht-Bewusste«. Was in uns ist, aber noch nicht von der Aufmerksamkeit erhellt und folglich unbekannt oder unerkannt ist. Dies ist etwas anderes als Freuds Unbewusstes, das Bloch kritisiert. Für Freud, schrieb Bloch, bestehe das Unterbewusste ausschließlich aus dem Vergessenen und Verdrängten, also dem, was gewesen ist. Wenn wir uns das Bewusstsein als ein leuchtendes, von Dunkelheit umgebenes Feld denken, richtet Bloch die Aufmerksamkeit auf die Grenzregionen, wo manches einerseits in einem Pakt mit Freud im Vergessen verschwindet und sich in der Dunkelheit auflöst, während manches andererseits aus der Dunkelheit auftaucht. Das eine ist das, was gewesen ist, das andere das, was noch nicht gewesen ist. Der nächtliche Traum steht dem nahe, was gewesen ist, er ist eine Verarbeitung des Vergessenen und Verdrängten, während der Tagtraum dem nahesteht, was noch nicht erfahren wurde.

»Alle frische Kraft hat dies Neue notwendig in sich, bewegt sich darauf hin«, schrieb Bloch. »Seine besten Orte sind: die Jugend, die Zeiten, die im Begriff sind, sich zu wenden, die schöpferische Hervorbringung.«

Dies ist ja eine Vorlesung, die grundsätzliche Fragen der Literatur untersuchen möchte, und ich zitiere Bloch, weil seine Gedanken über das Neue meines Erachtens zentral sind, wenn es um Literatur und Kunst im Allgemeinen geht. Allerdings bin ich nicht der Meinung, dass jede Literatur oder Kunst neu sein, Neues erkunden, Neuland betreten, mit der Form experimentieren, Vorhut sein muss oder wie man es formulieren will, was seit dem Modernismus, jedenfalls auf dem Kontinent, eine bestimmende Vorstellung in der Kunst- und Literaturwelt gewesen ist. Nein, es geht mir mit Blochs Hilfe um die Schreibsituation. Jeden Tag vor Dem-was-noch-nicht-ist zu stehen. Denn das Schreiben ist ein Ort, an dem sich die ganze Aufmerksamkeit auf das richtet, was nicht gewesen ist, was erst dadurch sichtbar wird und vom noch nicht Gewesenen zu etwas wird. Deshalb, so glaube ich, sind Gedanken, Analysen, große Erwartungen daran, was ein Roman, ein Gedicht ist, oder was ein Roman soll, ein Gedicht muss, die Feinde des Schreibens. Oder halt, Moment, nicht Feinde, das sind sie nicht, sie sind notwendig, aber als etwas, womit das, was neu entsteht, sich auseinandersetzt. Der Schreibprozess lässt mit anderen Worten eine Bedingung sichtbar werden, die auch in der Welt gilt, dort aber schwieriger zu erkennen ist, nämlich, wie Bloch schreibt, dass die Welt unfertig und die Wirklichkeit ein Prozess ist, in dem kontinuierlich zwischen Gegenwart, unfertiger Vergangenheit und möglicher Zukunft vermittelt wird.

Wie gesagt: Für einen Schriftsteller sind in der Schreibsituation alle Fragen praktisch, keine ist theoretisch. Wenn ich theoretisch einige grundlegende literarische Fragen, die mein Werk betreffen, untersuchen soll, muss es deshalb um bereits geschriebene Bücher gehen, also um eine Rekonstruktion von etwas Vergangenem. Und da alles Schreiben dies zu vermeiden versucht, ist die einzige theoretische Frage, die ich in diesem Vortrag untersuchen kann, leider die grundsätzlichste von allen: Was heißt es zu schreiben?

Ich habe unzählige Male über meine Bücher und meinen Schreibprozess gesprochen, am umfassendsten in einem Vortrag in Yale, der später in Buchform erschien. Es gibt keinen Grund, das hier zu wiederholen. Auch weil ich immer das Ergebnis des Schreibprozesses gekannt habe, also die fertigen Bücher, was den Schreibprozess eigentlich verrät, da er von einer genuinen Ungewissheit gekennzeichnet ist, denn man weiß nicht, was man tut, ehe das Buch seine ersten Leser findet und sich ein Verständnismuster etabliert: Dieses Buch ist so, es versucht, dies zu tun. Bevor das Buch Leser und Leserinnen bekommt, ist es nichts oder zumindest undefiniert. Ich habe keine Ahnung, was es macht, ich habe keine Ahnung, was es will, und vielleicht am wichtigsten, ich habe keine Ahnung, ob es gut oder schlecht oder wie gut oder schlecht es ist. Die Beziehung zum Buch ist in dieser Phase, während es geschrieben wird, ähnlich wie die Beziehung, die ein Säugling zu seinen Eltern hat, bevor das Kleinkind seine eigene Identität entwickelt und zu einer Persönlichkeit wird. Alles fließt ineinander, Inneres und Äußeres, Autor und Text, innere Gedanken und äußere Schrift. Ein Buch, das gerade geschrieben wird, hat keine Außen-, nur eine Innenseite, und es ist ungewiss, wo es sich befindet, da der Autor sich jeden Morgen an den Bildschirm setzt und in den Text hineingeht, der wo ist? Im Schriftsteller, aber auch auf dem Bildschirm vor ihm. Dann wird er gelesen und erhält eine Existenz außerhalb dieses Inneren, schwer zu platzierenden Raums, das Buch bekommt einen Einband, einen Titel, einen Schutzumschlag, einen Rückseitentext, einen Verlagsstempel, es landet in einer Bibliothek oder Buchhandlung im Regal. Es ist ein Objekt, zugänglich für jedes Subjekt da draußen. Daraufhin kehrt sich der Prozess in eigenartiger Weise um, denn wenn der Leser das Buch liest, wird in vergleichbarer Weise der Unterschied zwischen Objekt und Subjekt aufgehoben, und es erscheint unklar, wo sich das Buch befindet, im Leser oder in dem Objekt in den Händen des Lesers? Und wem gehören die Vorstellungen, die im Kopf des Lesers Einzug halten? Dem Buch oder dem Leser? Beiden? Jedenfalls nicht dem Autor, der, während sich die Vorstellungen im Kopf des Lesers abspielen, vielleicht in einer Waschküche an einem ganz anderen Ort auf der Welt nasse Kleider in einen Trockner legt und an ein Stück Schokolade denkt, das in der Küche im Schrank liegt.

Aber zurück zum Schreibprozess. Er ist per Definition stets unfertig, und um ihm gerecht zu werden, beabsichtige ich, nicht über Bücher zu sprechen, die ich geschrieben habe, sondern über das Buch, an dem ich derzeit arbeite. Abgesehen von meinem Lektor hat noch niemand es gelesen. Ich habe keine Ahnung, ob es gut oder schlecht ist, obwohl ich eher zu Letzterem tendiere. Dagegen kann ich etwas darüber sagen, wie es begann, und darüber, wohin der Beginn es geführt hat, und was ich zu gestalten versuche. Ich kann auch etwas darüber sagen, woher die verschiedenen Impulse, die sich im Schreiben manifestieren, wahrscheinlich kommen. Wenn das Buch ein Fiasko wird, was durchaus denkbar ist, wird diese Vorlesung in ein grelles Licht getaucht sein – aber das ist ein Teil der Zukunft, die keiner von uns kennt, und ehrlich gesagt finde ich es ganz spannend, dieses Risiko einzugehen.

Der Roman heißt *Der Morgenstern* und besteht momentan aus 184 Seiten. Er beginnt so:

»Der plötzliche Gedanke daran, dass die Jungen hinter mir im Haus lagen und schliefen, während sich die Dunkelheit aufs Meer senkte, war so friedvoll und freundlich, dass ich bei ihm verharrte, als er auftauchte, und versuchte, das Gute an ihm zu bestimmen, statt ihn ziehen zu lassen.

Ein, zwei Stunden zuvor hatten wir Netze ausgelegt, ihre Hände riechen also nach Salz, dachte ich. Nie im Leben haben sie sich die Hände gewaschen, das hätte ich ihnen sagen müssen. Sie mochten es, den Übergang zwischen Wachsein und Schlafen möglichst schnell zu gestalten; jedenfalls streiften sie gewöhnlich nur ihre Kleider ab, legten sich unter die Decke, schlossen die Augen und schalteten nicht einmal das Licht aus, wenn ich mich nicht mit meinen Forderungen einmischte, zum Beispiel, dass sie sich die Zähne putzen, das Gesicht waschen, die Kleider ordentlich auf den Stuhl legen sollten.

An diesem Abend hatte ich nichts dergleichen gesagt, und sie waren nur in ihre Betten geglitten wie langgliedrige, glatthäutige Tiere.

Aber nicht das war das Gute an dem Gedanken gewesen.

Es war der Gedanke an die Dunkelheit, die sich unabhängig von ihnen senkte. Dass sie schliefen, während das Licht aus den Bäumen und vom Waldboden vor ihren Zimmern verschwand, um noch eine Weile schwach am Himmel zu schimmern, ehe auch er schwarz wurde und das einzige Licht in der Landschaft der Mondschein war, den die Wasserfläche der breiten Bucht gespenstisch reflektierte.

Ja, das war es.

Dass nichts jemals stoppte, dass alles einfach immer weiterging, Tag zu Nacht wurde, Nacht zu Tag, Sommer zu Herbst, Herbst zu Winter, Jahr auf Jahr folgte, und dass sie sich genau hier, in diesem Moment, in diesem Moment, in dem sie tief und fest in ihren Betten schliefen, befanden. Als wäre die Welt ein Raum, den sie besuchten.«

Doch bevor ich näher darauf eingehe, wohin dies führt, und wie es ist und gewesen ist, diesen Roman zu schreiben, möchte ich über ein anderes Buch von fundamental anderer Dignität sprechen, über einen meiner Lieblingsromane: *Madame Bovary* von Gustave Flaubert. Er erschien 1857, also vor 162 Jahren, ist aber so geschrieben, dass er meines Erachtens glänzende Kritiken bekäme, wenn er heute erschiene, und niemand ihn altmodisch oder antiquiert fände. Ich weiß nicht, ob man das über einen anderen Roman des 19. Jahrhunderts sagen kann. Dies bedeutet natürlich, dass der Roman sehr gut ist, aber es bedeutet auch, dass die Romanciers von heute weiterhin im Schatten Flauberts schreiben. *Madame Bovary* ist nicht nur stilistisch ungeheuer einflussreich gewesen – das Buch hat praktisch im Alleingang unsere Vorstellung vom realistischen Roman definiert, wie er nach wie vor geschrieben und gelesen wird –, der Roman ist außerdem in allen Epochen seit seinem Erscheinen thematisch relevant gewesen. Unzählige Kritiker und Schriftsteller haben *Madame Bovary* als den perfekten Roman bezeichnet; sogar als den besten Roman, der jemals geschrieben wurde. Was Literatur betrifft, bin ich persönlich kein Anhänger von Perfektion, für mich geht es beim Schreiben und Lesen vor allem um Überschreitung, während es beim Perfekten um Vollendung geht. Dennoch stimme ich zu: *Madame Bovary* ist der perfekte Roman, und es ist der beste Roman, der jemals geschrieben wurde.

Der perfekteste Text zu sein, heißt, der fertigste zu sein. Nicht ein Wort ist falsch gewählt, nicht ein Satz zu lang oder zu kurz. In einem Vortrag über das Entstehen, über den Augenblick, in dem das, was noch nicht ist, wird, was der Philosoph Gilles Deleuze Schöpfung nannte, könnte *Madame Bovary* den Endpunkt verkörpern, das Fertige und Unveränderliche – weil der Roman perfekt ist und weil seine ästhetischen Ideale nach wie vor gültig sind. Aber ich habe nicht deshalb Lust, über ihn zu sprechen, sondern weil der Autor während der Arbeit an seinem Buch kontinuierlich Briefe schrieb, in denen er häufig auf den Schreibprozess einging. Nicht nur das Buch ist also gegenwärtig und zugänglich, sondern auch seine Entstehung.

Nun habe ich *Madame Bovary* bereits mehrmals den perfekten Roman und sogar den besten Roman genannt, der je geschrieben wurde.

Warum halte ich ihn dafür?

Was ist so besonders an dieser Geschichte von der Frau eines Landarztes, die sich aus ihrem Alltag fortsehnt, wie er sich in der französischen Provinz zur Zeit unserer Urururgroßeltern gestaltete, lange vor dem Ersten Weltkrieg, der Russischen Revolution, dem Zweiten Weltkrieg, der Atombombe, dem Auto, dem Flugzeug, dem wachsenden Wohlstand, der Emanzipation der Frau, der Bildungsexplosion, dem Radio, dem Fernsehen, dem Telefon, dem Internet – ja, dem größten Teil von all dem, was unsere Gegenwart definiert –, was kein Roman seither übertroffen hat?

Es geht nicht um seine Universalität, denn ein zeit- und ortsspezifischerer Roman dürfte kaum geschrieben worden sein – stilistisch vielleicht am wichtigsten in *Madame Bovary* sind die grandiosen Beschreibungen der materiellen Wirklichkeit, wie gründlich und exakt sämtliche Häuser, Räume, Möbel und Dinge dargestellt werden, genau wie die Landschaft und der Himmel über ihr. Es besteht nie ein Zweifel daran, wo wir uns befinden, der Roman könnte an keinem anderen Ort spielen als auf dem Land nahe Rouen in der Normandie Mitte des 19. Jahrhunderts.

Es geht auch nicht um die Handlung – jede beliebige amerikanische Fernsehserie hat raffiniertere und spannendere Storylines zu bieten als *Madame Bovary*: Junge Frau heiratet, langweilt sich, sucht außereheliche Spannung, nimmt sich das Leben.

Kann es an den Charakteren liegen?

Nicht wirklich.

Die Hauptfiguren in *Madame Bovary* sind Gestalten, neben die man bei einem Essen eher ungern gesetzt werden möchte. Charles Bovary ist ein mittelmäßiger, fantasieloser, stumpfer, unbedeutender Kleinstadtarzt, Emma Bovary ist so unerträglich banal wie narzisstisch, während ihr Nachbar, der Apotheker Homais, ein selbstverliebter, untalentierter Fortschrittsgläubiger ist. Keiner von ihnen sagt oder denkt irgendetwas Relevantes auf den mehr als dreihundert Seiten des Romans.

Und trotzdem der perfekte Roman. Trotzdem der beste Roman, der jemals geschrieben wurde.

So verhält es sich natürlich, weil literarische Qualität, bleibende literarische Qualität, weniger mit Handlung, Figuren und Ortsbeschreibungen an sich zu tun hat, sondern eher damit, wie viel Sinn in ihren Flächen erschaffen wird. Denn hier, in diesen einfachen, leicht verständlichen Formen, in denen starke widerstreitende Kräfte aufeinanderprallen und kontinuierlich Ambivalenz produziert wird, entsteht das Leben der Geschichten – und im Grunde das Leben aller Kunst. Denken Sie an den großen weißen Wal in Melvilles *Moby Dick*, denken Sie an Hamlet bei Shakespeare, Hedda Gabler bei Ibsen, Orlando bei Woolf, denken Sie an das Sanatorium in Thomas Manns *Der Zauberberg*, denken Sie an den Festschmaus in

Blixens *Babettes Fest*. Oder auch an die biblischen Geschichten von Kain und Abel oder Abraham und Isaak. Obgleich die Formen einfach sind, erweisen sich diese Erzählungen als unerschöpflich. Das ist so, weil der Sinn sich nicht im Text befindet, sondern in ihm erschaffen wird. Hinzukommende Generationen werden sich diesen Werken mit neuen Voraussetzungen nähern, und so immer neuen Sinn freisetzen. Das macht einen Klassiker zum Klassiker.

Wenn das zutrifft, lautet die Frage: Welche Kräfte prallen in *Madame Bovary* aufeinander? Allerdings fragt sich, ob »Kräfte« hier nicht das falsche Wort ist, da es einen unwillkürlich an etwas Eruptives, Unkontrollierbares, Sturm-und-Drang-haftes denken lässt, wogegen der Stil in *Madame Bovary* völlig anders, ja, geradezu das Gegenteil davon ist: kontrolliert, beherrscht, langsam, akribisch detailliert. Das ist nicht bedeutungslos. Bevor Flaubert *Madame Bovary* begann, hatte er anderthalb Jahre an einem Roman mit dem Titel *Die Versuchung des heiligen Antonius* geschrieben, mit Charakteren wie der Königin von Saba und König Nebukadnezar, symbolischen Gestalten wie Lust und Tod, römischen Göttern wie Pluto, Neptun und Diana, mythologischen Figuren wie der Sphinx und der Chimäre. Die Handlung spielt sich an schönen exotischen Orten ab wie hier, als Sankt Antonius den Kaiser aufsucht:

Man sieht die Wände entlang auf Mosaikbildern Feldherren, die dem Kaiser auf ihrer flachen Hand eroberte Städte darbringen. Und überall gewahrt man Basaltsäulen, Silberdrahtgitter, elfenbeinerne Sessel, perlenbestickte Wandteppiche. Das Licht fällt herab vom Gewölb. Antonius wandert weiter. Schwüler Dunst beklemmt ihn. Bisweilen hört er das leise Klappern einer Sandale. In den Vorzimmern stehen Wächter, leblosen Puppen gleich, vergoldete Silberstäbe über den Schultern.

Schließlich befindet er sich am Eingang eines Saales, den hyazinthenblaue Vorhänge geschlossen halten. Sie öffnen sich. Man sieht den Kaiser auf einem Throne, in veilchenblauer Tunika und roten Schuhen mit schwarzen Bändern.

Nur ein Romantiker und Träumer konnte einen solchen Absatz schreiben. Als das Buch im September 1847 fertig war, las Flaubert es seinen Freunden Maxime Du Camp und Louis Bouilhet vor. Die Sitzung dauerte laut Du Camp zweiunddreißig Stunden. Als die letzte Seite gelesen war, sagte Flaubert: »Jetzt zu uns dreien, sagt mir offen, was ihr davon haltet.« Daraufhin erwiderte Bouilhet: »Wir denken, du solltest das ins Feuer werfen und nie wieder davon reden.« Nach dieser Enttäuschung, die für einen Autor ohne Veröffentlichungen monumental gewesen sein muss, brach Flaubert zu einer großen Reise in den Nahen Osten auf. Als er zurückkehrte, hatte er drei neue mögliche Romanprojekte im Sinn. Zwei von ihnen schienen die romantisch-träumerische und eskapistische Linie fortzusetzen – ein Roman namens *Eine Nacht mit Don Juan* und einer mit dem Titel *Anubis* nach dem ägyptischen Gott –, während das dritte, damals noch unbenannte Projekt von Begebenheiten in der Gegenwart inspiriert war: Ein Bekannter der Familie, ein Landarzt namens Eugène Delamare, der einst bei Flauberts Vater, dem berühmten Chirurgen studiert hatte, war gerade gestorben. Delamare war ein schwacher Student gewesen, er hatte nicht alle Examen bestanden und wurde niemals Arzt, endete stattdessen als »Gesundheitsoffizier« in einer kleinen Ortschaft nahe Rouen. Er war zweimal verheiratet, und um seine zweite Frau Delphine, die vor ihm gestorben war und für die Flaubert sich interessierte, hatten sich skandalöse Gerüchte gerankt.

In den nächsten vier Jahren schrieb Flaubert an diesem Buch, das nach der Hauptfigur benannt wurde und sein Debüt, sein Meisterwerk und ein Roman war, der bis weit in die Zukunft in für ihn fremden Ländern gelesen werden sollte. Das wusste er natürlich nicht, als er ihn voller Pein, Qualen, Selbstkritik und Zweifel schrieb. Das Wissen darum ist unser, der Zukunftsmenschen, Privileg.

Flaubert begann *Madame Bovary* am 19. September 1851, was wir wissen, weil er am 20. September an Louise Colet schrieb:

Ich habe gestern abend meinen Roman angefangen. Ich sehe jetzt Schwierigkeiten des Stils voraus, die mich in Schrecken versetzen. Es ist keine Kleinigkeit, einfach zu sein. Ich habe Angst, in die Art Paul de Kocks zu verfallen oder chateaubrianisierten Balzac zu machen.

Einen guten Monat später schreibt er:

Ich finde es sehr schwierig, in den Roman hineinzufinden. Ich leide an stilistischen Abszessen; und Sätze jucken mich unaufhörlich. Ich scheuere mich, ich kratze mich. Was für ein schweres Ruder der Stift ist, und was für ein starker Strom Ideen sind, wenn man darin rudert! Das lässt mich so verzweifeln, dass ich es regelrecht genieße. In diesem Zustand verbrachte ich heute einen guten Tag, bei offenem Fenster, die Sonne auf dem Fluss, und die größte Gelassenheit in der Welt. Ich schrieb eine Seite und skizzierte drei weitere. In vierzehn Tagen bin ich hoffentlich richtig in Schwung gekommen, aber die Farben, mit denen ich arbeite, sind für mich so neu, dass ich sie immer wieder voller Erstaunen anstarre.

Was beschreibt Flaubert hier eigentlich? Entscheidend ist nicht, dass er mit dem Schreiben kämpft, dass der Stil wie ein Geschwür ist und das Schreiben ein Jucken, das zu nichts führt, entscheidend ist vielmehr, was er zuletzt sagt: »… die Farben, mit denen ich arbeite, sind für mich so neu, dass ich sie immer wieder voller Erstaunen anstarre.« Entscheidend ist dies, weil er damit den Ort des Schreibens schildert. Ich denke, jeder, der schreibt, wird das kennen, da es eine der grundlegenden Erfahrungen beim Schreiben ist, dass das Geschriebene etwas Fremdes bekommt, etwas, das sich nur schwer mit einem selbst verknüpfen lässt. Wenn es die ersten Male passiert, sitzt man manchmal wie Flaubert da und starrt es erstaunt an. Außerhalb vom Ort des Schreibens, bringt man zu Papier, was man weiß, was man gedacht, was man gesehen hat, und das mag gut oder schlecht sein und andere überraschen, aber einen selbst kann es nicht überraschen, weil es sich innerhalb des Bekannten befindet, innerhalb dessen, was bereits ist. Wenn sich der Ort des Schreibens öffnet, geschieht etwas, und was aus dem Inneren des Schriftstellers kommt, wird zu etwas Anderem transformiert, das sich schwerlich mit ihm selbst in Verbindung bringen lässt, daher das Erstaunen. Die Farben, mit denen er schreibe, seien neu, so Flaubert, und beschreibt damit das Sichtbarwerden des Neuen, wenn das, was noch nicht ist, entsteht.

Verstehen Sie mich nicht falsch, es würde mir nicht im Traum einfallen, mich mit Flaubert vergleichen zu wollen, aber diesen Satz in seinem Brief, »die Farben, mit denen ich arbeite, sind für mich so neu, dass ich sie immer wieder voller Erstaunen anstarre«, habe ich mir gemerkt, weil ich das selbst erlebt habe, und weil es, als es das erste Mal passierte, ein so einschneidendes Ereignis in meinem Leben als Autor war. Mit achtzehn begann ich ernsthaft zu schreiben. Es ging schnell, es lief gut, im ersten Jahr schrieb ich vielleicht fünf Erzählungen und einen halben Roman. Der Roman wurde im nächsten Jahr fertig und von einem Verlag ohne Begründung abgelehnt. Danach begannen die Zweifel an mir und meinen Fähigkeiten – und das war höchste Zeit! –, so dass ich in den nächsten sechs Jahren ziemlich wenig und nur sporadisch schrieb, und zwar ausgehend von meiner Vorstellung davon, wie Literatur sein sollte, die indirekt von der impliziten Prämisse der Theorie beeinflusst war, in der eine bestimmte Art modernistischer, experimenteller Literatur bevorzugt wurde. Ein guter Freund, der ebenfalls schrieb, las den Roman, an dem ich arbeitete, und sein Rat lautete, ihn aufzugeben. Ich befolgte ihn und verbrannte das Manuskript im Kamin. Danach schrieb ich immer weniger und erkannte schließlich, dass es nicht funktionieren würde, dass ich kein Talent hatte und niemals ein Buch würde schreiben können, das ein Verlag veröffentlichen wollte. Stattdessen konzentrierte ich mich ganz auf das Studium, studierte Kunstgeschichte und dachte, ich könnte Professor der Literaturwissenschaft oder Kunstgeschichte werden. Um eine lange Geschichte kurz zu machen: Ein Lektor hatte eine meiner Erzählungen gelesen, traf sich mit mir, fragte, ob ich mehr Texte hätte, was nicht der Fall war, aber unsere Unterhaltung flößte mir genügend Mut ein, um mir in einem anderen Teil des Landes für einen Monat eine Wohnung zu mieten, in der ich zu schreiben begann. Und dann trat das Phänomen ein, das Flaubert beschreibt, ich betrachtete das, was ich geschrieben hatte, mit Erstaunen. Auf der Seite standen Dinge, die ich nie zuvor gedacht hatte. Da waren Bilder, die ich mir niemals hätte ausdenken können. Ich war nicht bloß erstaunt, ich war begeistert und stürzte mich mit nahezu fieberhafter Intensität in dieses Neue. *Das* hieß zu schreiben!

Aber was war »das«?

Nun, zu schreiben hieß zu entdecken.

Das Gefühl kannte ich.

Es war genau wie lesen.

Schreiben war wie lesen. Wenn du in einem Buch verschwindest, wenn du nicht mehr daran denkst, wer du bist und was du tust, sondern mit dem verschmilzt, was du liest, was vertraut ist, weil es deine Gefühle sind, und gleichzeitig fremd, weil das, was die Gefühle zum Leben erweckt, die Bilder und Gedanken, nicht die deinen sind. Und niemals weißt du, was kommen wird. Es steht offen, wie die Zukunft offensteht, bis sie eintrifft und ein Teil von dir wird.

Ich denke, Flaubert bezog sich auf ein ähnliches Erlebnis, als er schrieb, die Farben seien neu und er starre sie voller Erstaunen an. Genau wissen kann ich es natürlich nicht. Aber eins ist sicher: *Madame Bovary* war anders als alles, was er bis dahin geschrieben hatte. Etwas muss entscheidend anders gewesen sein. *Die Versuchung des heiligen Antonius* kann man kaum lesen, *Madame Bovary* ist ein Meisterwerk der Weltliteratur und erscheint einem noch heute so frisch, wie es damals gewesen sein muss.

Aber wie ist er dorthin gelangt? Was hat sich so radikal verändert, seit er *Die Versuchung des heiligen Antonius* schrieb? In einem Brief einige Monate später schreibt Flaubert:

Jetzt bin ich in einer völlig anderen Welt von genauer Beobachtung trivialster Details. Meine Aufmerksamkeit ist auf die schimmeligen Moose der Seele gerichtet. Es ist ein weiter Weg von den mythologischen und theologischen Extravaganzen des heiligen Antonius. Und so wie das Thema anders ist, so schreibe ich auch auf eine völlig andere Art. Ich will nicht, dass mein Buch auch nur eine subjektive Reaktion, nicht eine einzige Reflexion des Autors enthält.

In *Die Versuchung des heiligen Antonius* schrieb er, wie er wollte, als er selbst, während er sich in dem neuen Buch zurücknimmt und gegen seine Impulse arbeitet. So schreibt er etwa am sechzehnten Januar 1852 über *Die Versuchung des heiligen Antonius*:

Da ich ein Thema gewählt hatte, das mir für Lyrismus, Bewegungen, Verwirrungen völlige Freiheit ließ, befand ich mich ganz mit meinem Wesen in Übereinstimmung und brauchte nur vorwärtszugehen. Nie werde ich solche Berauschungen am Stil wieder erreichen, wie ich sie mir dabei achtzehn Monate hindurch gönnte.

Im selben Brief erläutert er, dass er zwei deutlich unterschiedliche Autoren in sich birgt:

… der eine ist begeistert von *Brüllerei*, von Lyrismus, von hohen Adlerflügen, von allen Wohlklängen des Satzes und den Gipfeln des Gedankens; der andere wühlt und gräbt so tief er kann in das Wahre und liebt es, das kleine Faktum ebenso kräftig herauszuarbeiten wie das große, er möchte die Dinge, die er reproduziert, fast körperlich spüren lassen …

Das Schreiben hörte für Flaubert auf, ein Überflussprojekt zu sein; als er an seinem neuen Roman schrieb, kam es plötzlich darauf an, Verzicht zu üben. Er verzichtete auf alles, was er mochte, was er sich wünschte, was er konnte. Das tat er, weil er die Welt beschreiben wollte, wie sie war, nicht, wie sie sein sollte oder könnte.

Glücklicherweise tat er jedoch mehr als das. Er verlegte das Schisma, auf der einen Seite das Träumerisch-Romantische, von dem er selbst so voll war, die Welt, wie sie sein sollte oder könnte, auf der anderen Seite das Realistische, die Welt-wie-sie-in-sich-selbst-ist als dessen Hauptkonflikt, in den Roman. Er legte all seine eskapistischen Sehnsüchte und exotischen Träume in Emma Bovary – die natürlich ein Selbstporträt ist –, nur banalisiert, und ließ Emma sie in der trivialsten und gewöhnlichsten Gegenwartswirklichkeit entfalten, die er sich nur vorstellen konnte.

In diesem Feld lag genügend Ambivalenz, um den Roman aus dem Jahr 1857 bis in unsere Zeit zu treiben, ohne dass er auf seinem Weg an Kraft verloren hätte.

Der Autor von *Madame Bovary* »wühlt und gräbt so tief er kann in das Wahre«, ist ebenso erfüllt von Selbsthass wie von Selbsterkenntnis, aber das Buch handelt gleichwohl nicht von ihm, denn die Formen, die er herausarbeitet – die Charaktere, die Handlung und die Orte, an denen sich die Handlung abspielt –, schieben die ursprünglichen Gefühle und Einsichten in andere Richtungen, lassen neue Treffpunkte entstehen, erhöhen die Komplexität, machen das Unisono mehrstimmig, und entwickeln so ein eigenes Leben fernab vom Urheber, der das, was er geschrieben hat, mit Erstaunen betrachtet. Das ist die große Macht der Romanform, dem Subjektiven, dem inneren Gefühls- und Gedankenleben wird eine Art Objektivität verliehen und so wird es als etwas in der Welt gesehen und anerkannt, und nicht nur als etwas im einzelnen Menschen.

Um dorthin zu gelangen, muss Flaubert also auf sich selbst, seine eigenen Meinungen und ästhetischen Vorlieben verzichten, gleichzeitig breitet er von seinem Leben das aus, wofür er nicht unbedingt blind gewesen ist, was in ihm jedoch keinen Horizont besaß, vor dem es gesehen werden konnte: Begierde, Hass, die Sehnsucht nach Schönheit, Eitelkeit, Ehrgeiz, die Angst vor dem Scheitern. Aus all dem entsteht ein Roman, der von der Wahrheit handelt und fragt, was Wirklichkeit ist.

Denn ist das nicht die Frage, um die in *Madame Bovary* alles kreist?

Emma will in einer anderen Wirklichkeit leben als der, die sie umgibt, und verwandelt sie nach ihrem Bild von ihr, verwandelt ihre beiden Liebhaber, der eine unbeholfen, der andere zynisch-egoistisch, in romantische, ritterliche Männer, die trivialen Begegnungen in stürmische Liebesrendezvous. Auch ihr Mann Charles lebt in zwei unterschiedlichen Wirklichkeiten, denn die glückliche Situation, in der er sich als Familienvater mit einer Frau, die er liebt, und mit einem kleinen Kind wähnt, ist eine Illusion, die Wirklichkeit ist eine andere, sie hasst ihn, sie betrügt ihn und interessiert sich nicht im Geringsten für ihr Kind, was er nicht sieht oder begreift. Die dritte Hauptperson des Romans, Apotheker Homais, verwandelt ebenfalls die Wirklichkeit, und zwar im Zeichen des Fortschritts, der Technologie und des Wissenschaftsglaubens. Der ganze Roman pendelt folglich zwischen den Illusionen über die Welt und der Welt selbst, zwischen dem, was die Charaktere glauben oder glauben wollen, und dem, was tatsächlich geschieht. Und das gilt nicht nur für die Charaktere, sondern auch für ihre Umgebungen, denn wenn etwas Flauberts Beschreibung der materiellen Wirklichkeit kennzeichnet, abgesehen davon, dass sie mit so großer Präzision ausgeführt sind, dass der Leser wie von ihm gewünscht ihre physische Präsenz spürt, dann, dass die Dinge fast immer etwas anderes repräsentieren als sich selbst. Nicht als Symbole im Roman, sondern als Zeichen für Klasse, Status, Geschmack, Ambition, Traum und Schicksal der Figuren in ihm.

Obwohl wir heute in einer völlig anderen Wirklichkeit leben als Flaubert 1857, ist das Fundament, an das sein Buch rührt, deshalb für uns das gleiche wie für sie. Und vielleicht ist es für uns sogar wichtiger und hervorstechender. Zumindest ist unser Repertoire an Wirklichkeitsversionen größer durch den Stempel, den die globale visuelle Kultur unserem Leben aufdrückt, während die ganz nahen Dinge im gleichen Maße ihre Leuchtkraft verlieren (für die man sich an Flauberts Roman erinnern würde, selbst wenn ihn keine Figuren bevölkerten und er nur Dinge enthielte).

Im Grunde zeigt sich in dem, worüber Flaubert

in seinen Briefen schreibt und was sich in seinem Roman manifestiert, dass die Form nicht existiert, um die Gedanken und Einsichten des Autors zu transportieren, sondern um im Gegenteil einen Abstand zu diesen herzustellen, so dass sie ein Eigenleben entwickeln und auf diese Weise in Bewegung gesetzt werden. Was der Schriftsteller als Privatperson meinen und denken mag, ist für den Roman vollkommen irrelevant. Das gilt auch für autobiografische Romane, ja, für sie vielleicht sogar in einem noch höheren Maße, denn wenn nur das, was das Neue in Bewegung setzt – das Neue verstanden als das vom Autor noch nicht Gesehene oder Gedachte –, wahres Schreiben ist, erscheint die Herausforderung größer, da nichts in der Welt bekannter und vertrauter ist als das eigene Ich. Wie sieht man voller Erstaunen eine Beschreibung von etwas, das man selbst erlebt hat?

Das hängt ganz davon ab, welche Art Größe das Ich eigentlich ist. Ich denke, es ist eine Form – die Identität, die Person, die wir für uns selbst sind –, ist eine Fiktion. Nicht eine Fiktion im Sinne von unwahr oder erfunden, sondern eher, wie die Geschichte dadurch eine Fiktion ist, dass wir endlos viele Ereignisse auf eine bestimmte Art fixieren, wodurch wir ein bearbeitbares Muster und einen festen Zusammenhang erhalten, mit dem wir uns auseinandersetzen können. Weiterhin denke ich, dass Blochs Auffassung von der Welt, dass sie unfertig und in einem kontinuierlichen Prozess begriffen sei, immer entstehend, auch für das Selbst gilt. In diesem unfertigen Chaos können wir jedoch nicht leben, weshalb wir Muster etablieren, nach Verbindungen suchen, Formen und Strukturen erschaffen, in uns selbst, im Verhältnis zu unserer Identität, und in der Welt. Das erzeugt Vorhersehbarkeit, Vorhersehbarkeit ist Geborgenheit und natürlich lebensnotwendig, aber das bedeutet auch, was gewesen ist, bestimmt darüber, was entsteht. Schließlich lautet die Hauptprämisse der Wissenschaft, nach Gesetzmäßigkeiten zu suchen, also nach dem, was sich wiederholt. Nur was sich wiederholt, besitzt Gültigkeit und ist wahr. Können wir uns überhaupt etwas vorstellen, das nur einmal eintrifft und danach nie wieder? Ja, wir nennen es ein Wunder und ordnen es der

Religion zu, die über den Glauben herrscht, und nicht über das Wissen.

Wenn ein autobiografischer Autor also mit Erstaunen eine Beschreibung von etwas betrachten soll, was sie oder er erlebt hat, geht es letztlich darum, die Form des Ichs aufzulösen. Und das kann nur geschehen, wenn auch die Form der Literatur aufgelöst wird, die Vorstellungen von der Form des Romans, die wie die Vorstellungen vom Ich und von der Welt im Voraus existieren. Was erneut bedeutet, in der Vergangenheit. Also muss der Roman in die Gegenwart, in den Augenblick – wo etwas, das noch nicht ist, entsteht. Wo die Welt und die Literatur immer neu sind.

Ich denke, das meinte der französische Theoretiker Gilles Deleuze, als er schrieb:

Schreiben bedeutet sicherlich nicht, dass man einem erlebten Stoff eine (Ausdrucks-)Form aufzwingt. Die Literatur gehört eher zum Formlosen oder Unfertigen, wie Gombrowicz es gesagt und getan hat. Schreiben ist eine Sache des Werdens, stets unfertig, stets im Entstehen begriffen, und lässt jeden lebbaren oder erlebten Stoff hinter sich. Es ist ein Prozess, das heißt ein Weg, der sich dem Leben öffnet und das Lebbare und Erlebte durchquert.

Für den ungarischen Theoretiker Georg Lukács ist das Unfertige ein Wesenszug des Romans als Form. Er schrieb: »So erscheint der Roman im Gegensatz zu dem in der fertigen Form ruhenden Sein anderer Gattungen als etwas Werdendes, als ein Prozess.«

Aus diesem Grund hat Flaubert den Job nicht ein für alle Male erledigt, als er den perfekt geformten Roman schrieb. Stattdessen folgten ihm Autoren, die einen Weg aus Flauberts Form, dem realistischen Roman, in etwas anderes suchten. Der große autobiografische Schriftsteller Marcel Proust zum Beispiel sprengte die Vorstellung vom Ich, indem er das Selbst so extrem expandierte, dass es annähernd die ganze Welt enthielt, durch eine Form, die seine ganz eigene war und um die Metapher kreiste – nicht als Figur, um Dinge oder Ereignisse besser auf eine andere Art zu sehen, indem man sie mit anderen Dingen oder Ereignissen vergleicht, wenngleich er auch das tut, nein, bei Proust ist die Metapher in erster Linie eine Figur zur Erweiterung von Raum und Zeit: mit Hilfe der Metapher, also mit einem Als-ob oder einem Gewissermaßen, öffnet sich der Raum neben dem existierenden, manchmal nur ganz kurz, als würde ein Fenster geöffnet und wieder geschlossen, in anderen Fällen begibt sich der Text in den Raum hinein und verweilt dort längere Zeit. Proust lernte viel, fast alles von Flaubert – aber nicht das.

Betrachten wir einen längeren Textausschnitt aus Prousts Roman *Auf der Suche nach der verlorenen Zeit*, zum einen, weil dieser Roman früher einmal besonders wichtig für mein eigenes Schreiben war, ohne dass ich es wusste, und zum anderen, weil es in der Anfangspassage so deutlich um Entstehung geht.

Lange Zeit bin ich früh schlafen gegangen. Manchmal fielen mir die Augen, wenn kaum die Kerze ausgelöscht war, so schnell zu, daß ich keine Zeit mehr hatte zu denken: »Jetzt schlafe ich ein.« Und eine halbe Stunde später wachte ich über dem Gedanken auf, daß es nun Zeit sei, den Schlaf zu suchen; ich wollte das Buch fortlegen, das ich noch in den Händen zu haben glaubte, und mein Licht ausblasen;

im Schlafe hatte ich unaufhörlich über das Gelesene weiter nachgedacht, aber meine Überlegungen waren seltsame Wege gegangen; es kam mir so vor, als sei ich selbst, wovon das Buch handelte: eine Kirche, ein Quartett, die Rivalität zwischen Franz dem Ersten und Karl dem Fünften. Diese Vorstellung hielt zuweilen noch ein paar Sekunden nach meinem Erwachen an; meine Vernunft nahm kaum Anstoß an ihr, aber sie lag wie Schuppen auf meinen Augen und hinderte mich daran, Klarheit darüber zu gewinnen, daß das Licht nicht brannte. Dann wurde sie immer weniger greifbar, wie nach der Seelenwanderung die Gedanken einer früheren Existenz; der Gegenstand meiner Lektüre löste sich von mir ab, ich konnte mich damit beschäftigen oder nicht; gleichzeitig kehrte mein Sehvermögen zurück, und ich war erstaunt rings um mich her eine Finsternis wahrzunehmen, die für meine Augen sanft und ausruhend war, mehr aber vielleicht sogar noch für meinen Geist, dem sie grundlos, unbegreiflich, wahrhaft »dunkel« erschien. Ich fragte mich, wie spät es wohl sei; ich hörte das Pfeifen der Eisenbahnzüge, das – mehr oder weniger weit fort wie ein Vogellied im Wald – die Entfernungen markierte und mich die Weite der öden Landschaft erraten ließ, durch die sich der Reisende zur nächsten Station begibt; der kurze Weg, dem er folgt, wird in sein Gedächtnis eingegraben bleiben durch die erregende Neuheit der Stätten, die ungewohnten Dinge, die er tut, ein Gespräch, das er eben geführt hat, oder den Abschied unter einer fremden Lampe, der ihm noch nachgeht in der Stille der Nacht, die nahe Süße der Heimkehr.

Zärtlich drückte ich meine Wange an die schönen Wangen des Kopfkissens, die in ihrer Fülle und Kühle wie die Wangen unserer Kindheit sind. Ich strich ein Zündholz an und schaute auf die Uhr. Bald Mitternacht. Dies ist der Augenblick, da der Kranke, der verreisen mußte, der in einem unbekannten Hotel die Nacht verbringt und dort von einem Anfall aufgeweckt wird, sich freut, wenn er unter der Tür einen Lichtstreifen entdeckt. Gottlob, der Morgen ist da! Gleich wird das Personal aufgestanden sein, er kann schellen, es wird jemand kommen und ihm Hilfe bringen. Die Hoffnung auf Erleichterung gibt ihm Mut zu leiden. Schon glaubt er Schritte zu hören: die Schritte kommen näher, dann entfernen sie sich. Und der Streifen Tageslicht unter der Tür ist verschwunden. Es ist Mitternacht; das Gaslicht ist ausgelöscht worden; der letzte Hausbediente ist fort, und er wird nun die ganze Nacht unerlöst leiden müssen.

Wenn wir nun für einen Moment, höchst provisorisch und mit großer Fehlerquote, versuchen, uns an Marcel Prousts Stelle zu versetzen, als er diesen Romananfang zu schreiben begann, können wir uns folgendes Szenario vorstellen: Ein französischer Ästhet und Mann von Welt mit einem Vater, der ein bekannter Arzt war, und einer Mutter aus wohlhabendem Haus, der sich in den ersten achtunddreißig Jahren seines Lebens mit Literatur, Kritiken und Übersetzungen beschäftigt hatte – so hatte er unter anderem eine Gesellschaftsspalte geschrieben, Pastiches anderer Autoren verfasst, den britischen Kunsthistoriker John Ruskin übersetzt und präsentiert –, mit anderen Worten ein gebildeter, belesener und eleganter Mann, der es nicht sonderlich weit gebracht hatte, aber alle kannte, setzte sich eines Tages im Jahr 1909 hin, um einen Roman über sein Leben zu schreiben.

Womit sollte er anfangen? Seiner Geburt? Der ersten Begegnung der Eltern? Einem Ereignis, das seinen Charakter geformt hatte oder ihm viel bedeutete? Mit etwas Charakteristischem, das dem Leser von Beginn an erzählen würde, wer er war oder werden wollte?

Nein, er wählt etwas ganz anderes und Radikales: Er beginnt den Roman damit, dass er, von dem der Leser noch nichts weiß, etwas so Alltägliches tut, wie ins Bett zu gehen, und verweilt bei dieser Szene, in der so gut wie nichts Äußeres passiert, für die folgenden acht Seiten. Der Erzähler schläft nicht, aber er ist auch nicht wach, er schwebt in einem Dazwischen, in dem er nicht weiß, wer er ist, und das Ich sozusagen verstreut zu sein scheint. Diese Einleitung öffnet das Ich, und die Passage schildert, wie das Ich Stück für Stück, Teil für Teil zusammengesetzt wird und am Ende, als die eigentliche Handlung einsetzt, ganz ist. Anfangs ist das Ich unklar, es gleitet hinaus und wird eine Kirche, ein Quartett, eine Rivalität zwischen Königen, noch nicht im Konflikt mit der Vernunft, die ein anderer Teil des Ichs ist, oder den Gedanken, die ein dritter sind. Einen vierten Teil bilden die Erinnerungen der Körperteile, einen fünften das Bewusstsein, einen sechsten, wie Proust schreibt, »in primitivster Form das bloße Seinsgefühl, das ein Tier im Inneren verspüren mag«.

Das Ich ist in eine Menge von Bestandteilen aufgelöst, die in- und auseinanderfließen, nichts liegt in ihm fest, nichts ist strukturiert. Es ist formlos und unvollendet. Das Ich ist nicht identisch mit dem Autor, der das Ich ja öffnet. Es gibt eine Distanz zwischen dem Ich des Textes und demjenigen, der das Ich des Textes schreibt, einen Blick von außen, und diese kleine Diskrepanz lässt das Ich dem Autor nicht nur eine Spur fremd erscheinen, sondern erschafft außerdem eine gewaltige literarische Freiheit, weil dies dem Schriftsteller ermöglicht, das Ich, seine Hauptperson (die auch er selbst ist, nicht so, wie er jetzt ist, wenn er schreibt, sondern wie er gerade eben – oder vor langer Zeit – war) als einen Ort zu betrachten. Einen Raum. Und an diesem Raum arbeitet Proust in seinem Roman vielleicht am meisten, diesen Raum sucht er ständig zu expandieren, Gewölbe auf Gewölbe zu öffnen, mit der Metapher als wichtigstem Hilfsmittel. Bereits nach wenigen Zeilen manifestiert sich erstmals diese Begierde nach Raum. Das Ich hört das Pfeifen der Züge, es zeichnet die weite Ödnis der Landschaft und begibt sich in einen Reisenden hinein – er hat seine Hauptperson, die weiter im Bett liegt, also völlig verlassen –, über den er schreibt, »der kurze

Weg, dem er folgt, wird in sein Gedächtnis eingegraben bleiben durch die erregende Neuheit der Stätten, die ungewohnten Dinge, die er tut, ein Gespräch, das er eben geführt hat, oder den Abschied unter einer fremden Lampe, der ihm noch nachgeht in der Stille der Nacht, die nahe Süße der Heimkehr«.

Wo sind wir da?

Im nächsten Satz sind wir erneut im Bett, wo die Hauptperson ein Zündholz anstreicht, um zu schauen, wie spät es ist, ehe der Text über eine Assoziation erneut in den Raum springt, diesmal zu einem Hotel, in dem ein kranker Mann Schmerzen leidet und darauf wartet, dass der Tag anbricht, und der Text begibt sich ganz in seine Gedanken – aber was machen wir dort eigentlich?

Später in dieser Anfangspassage öffnen sich andere Räume, die für die Hauptperson bedeutungsvoll waren und in denen der gesamte kommende Roman spielen wird. Sie werden nur nebenbei erwähnt, zusammen mit den Namen von Figuren, die für die Hauptperson wichtig sind, aber immer mit einem konkreten Detail, durch das der Raum rein physisch Gestalt annehmen darf. »Denn viele Jahre sind seit Combray vergangen«, heißt es, »wo ich, wenn wir spät nach Hause kamen, den roten Widerschein des Sonnenuntergangs auf meinen Fensterscheiben sah.« Die Metapher ist ja eine vergleichende Figur, und das ganze monumentale Unterfangen *Auf der Suche nach der verlorenen Zeit* handelt davon, die Zeit in Räume umzuwandeln, die nebeneinandergestellt werden, wodurch das Vergangene Seite an Seite mit dem Gegenwärtigen existiert, und deshalb eher geöffnet, als festgelegt wird, denn wir kommen zur Vergangenheit nicht von oben, wie herab zu etwas schon Geschehenem, sondern durch eine Seitentür, zu einem Raum, der entsteht, während er gesehen wird. Die Struktur des Werks gab es gewiss schon vorher, aber charakteristisch für Prousts Schreibstil war, dass er unablässig Dinge hinzufügte, die ganze Zeit expandierte – so klebte er an eine einzelne Manuskriptseite zuweilen zwei neue Flügel voller Ergänzungen. Man wird schwerlich ein deutlicheres Beispiel für einen Text finden, der in der Bewegung entstanden ist, ohne dass etwas, oder sehr wenig, im Voraus gegeben war. Das Ergebnis ist ein grenzenloses Ich, das im Prinzip alles enthält.

Ein anderer Nachfolger Flauberts, James Joyce, sprengte die Vorstellung vom Ich auf eine andere, fast entgegengesetzte Weise, denn während Proust die Zeit expandierte und das Ich von jeglicher Zeit, jeglicher Kultur, jeglicher Geschichte durchströmen ließ, reduzierte Joyce die Zeit entsprechend schwindelerregend, indem er sie nur einen Tag lang gelten ließ: Er folgt seinen Figuren so dicht, wie es nur geht, und nicht ein Gedanke, nicht eine Bewegung, nicht ein Ereignis bleibt unbeschrieben, wodurch sich die Identität auflöst, weil der Bogen, aus dem sie besteht, der Strang aus Erinnerungen und Vorstellungen, im Augenblick nur indirekt gegenwärtig ist, und auf die gleiche Art löst sich auch die Vergangenheit oder der Zugriff der Geschichte auf sie auf, denn auch sie erhält keinen Bogen, auch dieser Strang aus Ereignissen und Vorstellungen ist im Augenblick nicht präsent, außer als kurzes Aufblitzen kleiner Bruchstücke wie ein zersplitterter, auf den Straßen einer großen Stadt verstreuter Spiegel. Dass Leopold Bloom, der Anzeigenakquisiteur mittleren Alters, Charles Bovary als Typ nicht ganz unähnlich ist, und Molly Bloom, die ihn an diesem Tag betrügt, zumindest als Figur etwas von Madame Bovary hat, ist kaum spürbar, da die Form und das, was der Autor durch die Form sieht, so radikal anders sind. In *Ulysses* ist genau das die Pointe, deshalb ist jedes Kapitel in einem unterschiedlichen Stil geschrieben: Welche Welt erscheint, was wir in ihr sehen können, hängt ganz davon ab, welchen Stil und welche Form wir benutzen.

Ich las *Ulysses* zum ersten Mal mit zwanzig und schrieb an der Universität eine Hausarbeit darüber. Der Titel lautete in etwa »Ulysses und die Intertextualität«. Wie Sie wissen, geht es bei Intertextualität um das Verhältnis zwischen Texten, wie Texte in anderen Texten in Form von verborgenen und offenen Zitaten, Andeutungen, Imitationen, Parodien, formalen Strukturen und unzähligen anderen Arten gegenwärtig sind. Schriebe ich in einem Roman »Lange Zeit bin ich früh schlafen gegangen«, wäre es eine intertextuelle Anspielung auf Prousts Roman. Der Leser muss also mit Proust vertraut sein, um die volle Bedeutung des Satzes zu erfassen, der aber auch unabhängig davon funktionieren würde. Intertextualität ist eine Art Spiegelkabinett der Literatur, in dem ein Bild hier aufgefangen und dort verzerrt wird, weshalb selbst der einfachste Satz ungeahnte Tiefe enthalten kann. Diese Tiefen sind allerdings nicht endgültig festgelegt, da sie *zwischen* zwei Größen entstehen und keinen eigenen Ort haben. Es ist ein Sinn, der aktiviert wird und nur als ungefähre Größe in das Verständnis eingeschlossen werden kann. James Joyce war der König der Intertextualität und interessierte sich zunehmend für den Sinn, der durch Worte, Namen und Sätze strömt, für das, was früheren Sinn zum Leben erweckt, und liebte es, Worte zu drehen und zu wenden, um sie so mit Bedeutung zu füllen, dass die Worte vor den Augen des Lesers anschwellen wie blutsaugende Egel – ich denke hier an sein letztes Werk, *Finnegans Wake* –, aber natürlich ist auch

Ulysses von intertextuellen Referenzen durchzogen, wie bereits der Titel verdeutlicht. Das Buch folgt in seiner Struktur mehr oder weniger lose Homers *Odyssee*, auch Dantes *Göttliche Komödie* ist fast so etwas wie eine Vorlage, ein Schattenwerk, sehr gegenwärtig. Meine Hausarbeit misslang, vermutlich, weil das Thema einfach zu groß und ich zu jung war, um ein Buch wie *Ulysses* in den Griff zu bekommen. Der Roman erforderte zwar nicht unbedingt mehr Lebenserfahrung, als ein Zwanzigjähriger besaß, aber einiges mehr an Leseerfahrung. *Ulysses* ist bis heute ein Buch geblieben, das ich bewundere und dem ich mich häufig zuwende, wenn ich Essays schreibe, aber in dem, was ich in meinen Romanen schreibe, ist es niemals präsent. Das ist so, denke ich, weil es ein so zerebrales Buch ist, ein Buch für den Intellekt, nicht für die Gefühle – eine intertextuelle Anspielung nimmt den Weg über den Kopf, nicht über das Herz. Und mich hat es in dem, was ich lese, immer zum Herzen gezogen, ich habe die Welt immer durch die Gefühle in dem gesucht, was ich geschrieben habe.

Ulysses überschreitet also die vorher festgelegte Form des Ichs, sie wird von der Zeit geöffnet, während die Matrize des Ichs in *Auf der Suche nach der verlorenen Zeit* vom Raum geöffnet wird. Warum die beiden Autoren, die zur selben Zeit tätig waren und sich tatsächlich begegnet sind, dies für notwendig erachteten, weiß ich natürlich nicht. Joyce kam von einem konventionellen, realistischen Band mit Erzählungen, Proust kam von einem unvollendeten, formal traditionellen und unverhüllt autobiografischen Romanprojekt in der dritten Person mit dem Titel *Jean Santeuil*. Aber eins ist sicher, die traditionelle Formsprache des Romans, die Flaubert in *Madame Bovary* zur Vollendung gebracht hatte, reichte ihnen nicht aus, sie kamen mit ihr nicht zu dem Punkt, den sie erreichen wollten. Das literarische Modell, das ihnen zur Verfügung stand, entsprach mit anderen Worten nicht der Wirklichkeit, wie sie von ihnen erlebt wurde.

In seinem Buch über den Maler Francis Bacon schreibt Gilles Deleuze über ein Phänomen, das er »Die Malerei vor der Malerei« nennt. Damit meint er, dass die Leinwand niemals leer ist, sondern voller Bilder und Vorstellungen, die der Maler bereits in sich trägt. »Es ist ein Irrtum zu glauben, der Maler stehe vor einer weißen Oberfläche«, heißt es. Es geht also ebenso sehr darum, Dinge zu entfernen, wie darum, eine leere Fläche zu füllen.

Ich denke, für Schriftsteller gilt das Gleiche – es gibt immer einen Roman vor dem Roman, oder einen Satz vor dem Satz. Etwas ist immer schon im Voraus gegeben. Das sprachliche Phänomen, das vorher vielleicht am stärksten und deutlichsten existiert, ist das Klischee. In ihrem Buch über Eichmann bemerkt Hanna Arendt über das Klischee, dass es uns vor der Welt beschütze. Ich denke, das stimmt, und Gleiches gilt für Formen, die eine Art strukturelle Klischees sind. Die bekannten literarischen Formen, die bekannten Figuren, flößen Sicherheit, Vertrautheit ein, halten die Wirklichkeit auf Distanz. Das Motiv zum Erreichen des Neuen ist damit ein Doppeltes: Das Neue bricht aus dem Schutzwall des Vertrauten gegen die Wirklichkeit aus, und das Unfertige kann in das Unfertige der Welt eingreifen.

Gleichzeitig gibt es eine Grenze für das Neue, eine Grenze für das Unbekannte, denn die Literatur wendet sich ja an jemanden, und dieser jemand ist es, der sie entbindet und zum Leben erweckt. Ohne ein Mindestmaß an vorheriger Gemeinschaft zwischen Buch und Leser ist das Buch tot. Das beste Beispiel für ein solches Buch hat erneut James Joyce geschrieben, *Finnegans Wake*, der Roman, den er nach *Ulysses* verfasste. Darin überschreitet er das Zerebrale und Rationale vollkommen, nicht in Richtung der Gefühle, sondern hinein in etwas Anderes, was zu dem eigentümlichen und im Grunde einmaligen Phänomen führt, das sich in *Finnegans Wake* ereignet: Die Welt wird in der Sprache nicht sichtbar, sondern verschwindet in ihr. Als verschlucke die Sprache die Welt. Die Sprache in *Finnegans Wake* hat keine Außenseite, sie ist wie ein dunkler Fluss, der in der Dunkelheit vorbeifließt. Auch in *Auf der Suche nach der verlorenen Zeit* wird die Welt geschluckt, könnte man sagen, und zwar von einer gewaltigen Beschreibungsbegierde, aber dort wird sie von Neuem sichtbar, weil nicht die Sprache sie geschluckt hat, sondern das Ich. Das Ich als Instanz strukturiert die Sprache, indem es sie auf die anderen richtet. Ja, ist das Ich nicht selbst im Verhältnis zu den anderen strukturiert? Für eine Person, der ein solches strukturiertes Ich fehlt, beispielsweise ein Mensch in einem schizophrenen oder psychotischen Zustand, ist gerade das Fehlen dieser Hinwendung charakteristisch, so dass die Sprache für alle anderen als den Schizophrenen oder Psychotischen unverständlich bleibt. *Finnegans Wake* hat eine solche ichlose Sprache und dass die poststrukturalistischen Theoretiker sich ganz besonders für dieses Werk interessierten, lag natürlich daran, dass der Poststrukturalismus in den gelesenen Texten stets nach den subjektlosen Größen suchte. Davon wusste ich an jenem Herbsttag nichts, als mein Freund und ich nach Oslo fuhren, um Jacques Derrida zu sehen, den vielleicht größten Poststrukturalisten, und ebenso wenig brachte ich die große Ich-Sehnsucht in meinem ersten Roman mit jenen Jahren in Verbindung, in denen ich diese ichlose Theorie las, obgleich sie aus heutiger Sicht zweifellos eine Voraussetzung dafür war.

Eine andere und wichtigere Voraussetzung für den Roman, von der ich ebenso wenig wusste, als ich schrieb, war *Auf der Suche nach der verlorenen Zeit*. Ich las das Buch zum ersten Mal in einem Sommer in Bergen, mit etwa sechsundzwanzig Jahren, und es war das erste große Leseerlebnis seit meiner Teenagerzeit, als ich in einem Buch vollkommen versinken konnte und Zeit und Ort und wer oder wo ich war vergaß. In jenem Sommer konnte ich nicht schreiben. Zwei Jahre später konnte ich auf einmal schreiben und arbeitete an meinem ersten Roman.

Ich schrieb auf eine neue Art, mit einer anderen Sprache; vielleicht ermöglichte das den Sprung aus mir selbst in die Literatur. Die Sprache war konservativ, geprägt von langen Sätzen, die oft Metaphern suchten, und diese Metaphern öffneten Räume in ihr – der größte trat gegen Ende des Romans in Erscheinung und nahm sechzig Seiten ein.

Als ich schrieb, glaubte ich, das Geschriebene gehöre mir, diese Art zu schreiben wäre meine eigene, dicht an dem inneren Ton, der ich für mich selbst bin und den niemand sonst hören kann. Erst Jahre später erkannte ich, dass der konservative Anschlag in der Sprache, die langen Sätze und Metaphern, ergänzt um die Gedanken zu Zeit, Erinnerungen und Identität, mehr oder weniger direkt von Proust kamen. Das ist vielleicht nicht überraschend. Ein wenig seltsam *ist* dagegen, dass ich keine Ahnung davon hatte. Als gäbe es eine fertige Sprache in mir, und als gehörte sie mir, und mir allein. Prousts Roman mit all den Möglichkeiten, die er enthält, muss auf der einen Seite des Bewusstseins in Vergessenheit geraten sein, um zwei Jahre später auf der anderen Seite als etwas noch nicht Bewusstes wiederaufzutauchen.

In dieser Vorlesung habe ich versucht, mich meiner eigenen Poetik und den Voraussetzungen für sie anzunähern, indem ich den Augenblick des Schreibens, die Entstehung eines literarischen Textes durch eine Annäherung an drei kanonisierte Romane einkreise, *Madame*

Bovary, *Auf der Suche nach der verlorenen Zeit* und *Ulysses*. Das sollte die Vorlesung zu ihrem eigentlichen Anliegen führen, über den Schreibprozess im Licht eines Romans zu sprechen, der noch nicht fertig ist. Doch da meine Vorlesung so verfasst wurde, wie alles andere, was ich schreibe, ohne vorher zu planen, zu gliedern, also im Einklang mit dem, was Søren Kierkegaard über das Leben sagte, das rückwärts verstanden, aber vorwärts gelebt werde, komme ich nun zum Schluss, ohne dass etwas über den Roman oder das Schreiben des Romans gesagt worden ist. Zum Glück ist das nur die erste Vorlesung von zweien, und so werde ich morgen einen neuen Versuch unternehmen, auf das Ungeschriebene einzugehen und die dort liegenden Probleme näher zu betrachten.

Bevor ich schließe, möchte ich jedoch einen kurzen Text aus meinem Buch *Im Herbst* lesen. Es geht darin um den Teufel, und ich möchte ihn lesen, weil dort, mit dem Erscheinen des Teufels, der neue Roman begann, vier Jahre bevor ich anfing, ihn zu schreiben.

Daguerreotypie

Die Fotografie verbinden wir mit Modernität und mit etwas Maschinellem, sie ist Teil unseres technologischen Zeitalters und gehört zu den Dingen, die unsere Kultur anders machen als die der Vergangenheit. Doch das Prinzip, dass gewisse Stoffe lichtempfindlich waren und das Licht so Spuren in ihnen hinterlassen konnte, war mindestens seit dem Mittelalter bekannt, zum Beispiel Albertus Magnus, dem Lehrer Thomas von Aquins. Er war Theologe und Philosoph und wurde nach seinem Tod heiliggesprochen. Er stand in dem Ruf, außerdem ein Alchemist gewesen zu sein. Der Gedanke ist faszinierend, dass er oder ein anderer Aristoteliker in Mittelalter und Renaissance, in seiner Studierstube gestanden hätte, umgeben von Flüssigkeiten und Substanzen, und mit Silbernitrat, Quecksilber, Kupfer und Glas experimentiert hätte, bis es ihm eines Tages gelungen wäre, das Licht so auf einer Platte zu fixieren, dass der Raum, in dem er stand, negativ aufgetaucht wäre. Technisch wäre dies durchaus möglich gewesen, da sämtliche erforderlichen Stoffe und Materialien damals so selbstverständlich existierten wie heute, aber dass man sie benutzen konnte, um die Welt abzubilden, lag so weit jenseits ihres Vorstellungshorizonts, ihres Denkens darüber, was die Welt war und was es hieß, ein Mensch zu sein, dass es nicht gedacht werden konnte. Trotzdem begann die Fotografie in gewisser Weise dort nicht durch die Erkenntnis, dass Silbernitrate von Licht geprägt werden, sondern durch die allmähliche Hinwendung des Denkens zur materiellen Welt, wie die Naturphilosophie sie verkörperte. In den dreißiger Jahren des neunzehnten Jahrhunderts war es nicht mehr undenkbar, und einige experimentierten mit lichtempfindlichen Stoffen, unter anderem Joseph Niépce, dessen Bild von Bourgogne, aufgenommen 1826 oder 1827, als die älteste, erhalten gebliebene Fotografie gilt. Sie besteht aus einigen dunklen und hellen Partien auf einer Metallplatte und ist so unscharf, dass es ein wenig dauert, bis man begreift, dass das Dunkle Häuserwände und Dächer sind und das Helle der Himmel ist. Niépce machte das Bild aus einem Dachbodenfenster heraus, es ist seine Aussicht an jenem Tag, die er auf die Platte bannte. Dass alle Fotografien aus jener Zeit gespenstisch wirken, liegt nicht nur am Nebelhaften, Unscharfen, fast Schwebenden der Motive, als gehörte das Materielle in den Bildern einer anderen Dimension an, sondern auch daran, dass sie keine Menschen abbilden. Die Belichtungszeit lag bei vielen Stunden, so dass ausschließlich das fixiert wurde, was sich nicht bewegte. Vielleicht ist das Unglaublichste an diesen ersten Fotografien ja, dass sie in einer Weise mit der Zeit verbunden sind, die einen nur das Beständigste sehen lässt, wodurch das Menschliche sich als so flüchtig und kurzlebig erweist, dass es nirgendwo Spuren hinterlässt. So würde sich die Welt für Wesen darstellen, in deren Wahrnehmung die Zeit langsamer vergeht als für uns. Eine solche Perspektive von außen war nicht gänzlich unbekannt, denn das Göttliche mit dem Herrn und seinen Engeln, an die man noch glaubte, war und blieb unveränderlich und stand außerhalb der Zeit. Auch in ihrem Blick musste das Menschliche etwas so Kurzlebiges und Hastiges sein, dass es keine Spuren hinterließ. Die erste Fotografie von einem Menschen machte Louis Daguerre elf oder zwölf Jahre, nachdem Niépce die Aussicht von seinem Fenster abgebildet hatte, und auch sie wurde von einem Fenster aus aufgenommen, mit Aussicht auf den Boulevard du Temple an einem Morgen des Jahres 1838, und auch sie mit so langer Belichtungszeit, dass nur Dinge, die sich nicht bewegten, fixiert wurden. Die Straße ist sonnenbeschienen, die Reihe der Bäume wirft Schatten auf den Bürgersteig, und alle Details, von den vielen Schornsteinen auf den Dachfirsten bis zu den Fenstersprossen im nächstgelegenen, weißen Mietshaus sind scharf und deutlich. Es ist ein unheimliches Bild, denn der Tageszeit nach zu urteilen müsste da draußen alles voller Menschen, Pferde und Wagen sein. Aber es gibt nur zwei. Genau im goldenen Schnitt, ziemlich weit am unteren Bildrand, wo ein sonnenbeschienener Bürgersteig beginnt, steht ein Mann, der ein Bein angehoben hat. Seit ich die Aufnahme zum ersten Mal sah, ist sie für mich ein Bild des Teufels gewesen. Als die einzige wirklich deutliche Person in dieser eigentlich von Menschen wimmelnden Straße hat er eine Dauer und Beständigkeit, die es erlaubt, dass er auf die Daguerreotypie gebannt wird. Etwas an der Gestalt lässt mich denken, dass er im nächsten Augenblick den Kopf drehte und zum Fotografen hinaufblickte. Aber der Fotograf sah ja nicht, was das Bild zeigt. Louis Daguerre sah eine Straße voller Menschen und bemerkte diesen Mann vielleicht gar nicht, bis das Bild viele Stunden später entwickelt wurde und all die anderen Gestalten abgesehen von dieser einen verschwunden waren.

Quellen

Bloch, Ernst: *Das Prinzip Hoffnung. Erster Band*. Frankfurt am Main: Suhrkamp Verlag 1973, S. 4, 132.

Deleuze, Gilles: *Francis Bacon. Logik der Sensation*. München: Wilhelm Fink Verlag 1995, S. 55.

Deleuze, Gilles: *Kritik und Klinik*. Frankfurt am Main: Suhrkamp Verlag 2000, S. 11.

Flaubert, Gustave: *Briefe*. Hg. und übersetzt von Helmut Scheffel. Zürich: Diogenes Verlag 1977, S. 174/175, 180/181, 187.

Flaubert, Gustave: *Madame Bovary. Sitten in der Provinz*. München: Carl Hanser Verlag 2012, S. 592.

Flaubert, Gustave: *Die Versuchung des heiligen Antonius*. München: Georg Müller Verlag 1923, S. 31.

Lukács; Georg: *Die Theorie des Romans. Ein geschichtsphilosophischer Versuch über die*

Formen der großen Epik. Neuwied: Hermann Luchterhand 1971, S. 62.
Proust, Marcel: *Auf der Suche nach der verlorenen Zeit*, *Band 1*, *In Swanns Welt*. Frankfurt am Main: Suhrkamp Verlag 1979, S. 9/10, 12, 13/14.

DER ROMAN IST DIE FORM DES TEUFELS

ERST NACHDEM ICH die gestrige erste Vorlesung geschrieben hatte, fiel mir auf, wie ironisch es doch war, dass ich so eifrig über das Neue gesprochen hatte, meine Beispiele gleichzeitig aber 162, 118 und 97 Jahre alt waren. Ebenso auffällig war, so musste ich erkennen, als ich durchlas, was ich geschrieben hatte, dass alle Autoren, auf die ich mich bezog, Männer waren, und lediglich drei Frauen, Blixen, Kristeva und Arendt, eher beiläufig in dem Vortrag erwähnt wurden. Am bemerkenswertesten aber war vielleicht, dass die gesamte Vorlesung um Fragen der Form kreiste, also um das in der Literatur, was sich nach innen wendet, und dass nichts darin von der Welt handelte, die von der Literatur beschrieben wird und in der wir leben: nichts über Politik, nichts über Merkel, Johnson oder Trump, nichts über den neuen Rechtsextremismus und um sich greifenden neuen Rassismus, nichts über Technologie, nichts über CRISPR, Genmanipulation und Gendesign, nichts über Umweltverschmutzung, nichts über den Krieg in Syrien oder die Flüchtlinge, die im Mittelmeer ertrinken, nichts über aussterbende Tierarten, abgeholzte Wälder, brennende Wälder, neu erschlossene Ölfelder, verschwindendes Eis. Aber auch nichts über Dinge, die uns so durch den Kopf gehen, Fernsehserien, Fußballspiele, Schauspieler und Promis, Schuhe und Jacken, Autos und Renovierungsprojekte, oder die Orte, an denen wir unsere Leben führen, und was wir dort tun.

Sie könnten mich also mit Recht fragen, in welcher Wirklichkeit ich eigentlich lebe.

Diese Abwesenheit ist bestimmt kein Zufall. Letztes Jahr schrieb ich eine längere Erzählung, die unter dem Titel *Die Vögel unter dem Him-*

mel in Norwegen in Buchform erschien. Als mein Lektor sie gelesen hatte, meinte er, etwas an ihr sei so, dass sie in den zwanziger Jahren des vorigen Jahrhunderts hätte entstanden sein können. Ich hatte diesen Effekt nicht angestrebt, im Gegenteil, die Erzählung spielte in der Gegenwart, die Menschen in ihr sollten ein Teil unserer Zeit sein. Sie besaßen Handys, aber das war im Grunde auch das Einzige, was sie von den Personen unterschied, die vor hundert Jahren die Literatur bevölkerten.

Ich hatte zwei Ausgangspunkte für meine Erzählung. Der erste war, dass ich über einen guten Menschen schreiben wollte, einen Menschen, der lieber gab als nahm, und mehr an andere als an sich selbst dachte. Das zweite war ein Text von Søren Kierkegaard mit dem Titel *Die Lilie auf dem Feld und der Vogel unter dem Himmel.* Es ist eigentlich eine Predigt, die über ein Zitat aus der Bergpredigt im *Neuen Testament* meditiert und mich mit ihrer Schönheit und Gottessehnsucht völlig überwältigte, als ich sie eines Nachmittags in einem New Yorker Hotelzimmer las.

Wie sollte ich die Sache angehen?

Ich ließ die Frau, die Solveig hieß, davon aufwachen, dass ein Vogel im Zimmer ist. Es ist Sommer, das Fenster steht offen. Die Frau achtet auf alles, was sich in anderen regt, weshalb ihr die Gegenwart des Vogels nahegeht. Sie versucht ihn hinauszuscheuchen, aber er flattert nur weiter durch das Zimmer. Am Ende gibt sie auf und geht in der Hoffnung hinaus, dass er allein den Weg ins Freie finden wird.

Wo ist sie?

Es ist eine westnorwegische Landschaft. Wiesen breiten sich vor dem Haus aus, sie leuchten grün im Sonnenschein. Unterhalb von ihnen liegt ein Fjord, tiefblau und vollkommen still. Auf der anderen Seite ragt eine steile und langgestreckte Felswand in die Höhe.

Sie befindet sich also in jener Landschaft, in der früher meine Großeltern wohnten. Ihr Garten draußen ist allerdings wie der Garten vor dem Haus, in dem ich in Schweden lebte. Und das Haus habe ich nie zuvor gesehen, sehe es aber jetzt.

Dort halten sich auch noch andere auf. Im

Wohnzimmer liegt eine alte Frau in einem Bett mitten im Raum. Es ist Solveigs Mutter. Sie leidet an Parkinson und ist körperlich sehr geschwächt, wie meine Großmutter es in der ganzen letzten Phase ihres Lebens war.

Solveig kümmert sich also um sie, pflegt sie, will sie nicht in ein Heim geben.

Sie frühstückt, eine Pflegekraft kommt und sieht nach der Mutter, und Solveig fährt zu ihrer Arbeit in einem größeren Krankenhaus, und während ich sie durch die Landschaft fahren lasse, taucht auf den Seiten vor mir die Stadt auf.

Als sie im Krankenhaus ist, wird sie angerufen, es ist ihre zwanzigjährige Tochter, die Studentin ist, sie will am Nachmittag zu Besuch kommen.

Auf die Art war der Rahmen etabliert: Die Erzählung handelte von drei Generationen Frauen in einem Haus. Die alte würde sterben, die junge ein Kind bekommen, und in der Mitte stand Solveig, die sich um beide kümmerte.

So ungefähr entstand diese Erzählung. Nichts war vorher festgelegt, sowohl die Figuren als auch die Landschaft und die Handlung entstanden von Satz zu Satz. Das heißt nicht, dass alles unbekannt war, unbekannt sind lediglich die Gründe dafür, wie sich alles genau gestaltete. Die Entscheidungen, die zu Beginn getroffen werden, haben Konsequenzen für den späteren Text, weshalb man es so empfindet, als würde alles, was danach passiert, von alleine geschehen. Der Schauplatz dieser Erzählung ist für mich eng mit den siebziger und achtziger Jahren verbunden, als ich jeden Sommer dort verbrachte. Das Dasein, von dem ich einmal ein Teil war, die Wirklichkeit meiner Großeltern mit dem Melken der Kühe, der Heuernte, dem Mittagessen um zwölf, blieb zehn Jahre lang mehr oder weniger unverändert, und das Gefühl, dass ihr Haus und die Landschaft wie eine Insel aus Vergangenheit in der Gegenwart waren, muss, ohne dass mir dies bewusst gewesen wäre, Eingang in die Erzählung gefunden haben. Des Weiteren ist die Hauptperson eine Frau, und für mich als Mann ging es beim Schreiben nicht zuletzt darum, ihre Gegenwart glaubwürdig zu gestalten, was sie denkt, was sie vorhat. Ich weiß, dass die einzige Methode, über einen anderen Menschen zu schreiben, unabhängig von Geschlecht oder Herkunft, darin besteht, sich selbst zu benutzen, weil eine Figur umso lebendiger wird, je näher man ihr kommt, dennoch wurde das Geschlecht zu einer Begrenzung im Schreiben, weil ich nur Dinge schrieb, bei denen ich mir sicher war, dass die Frau sie denken und tun könnte, während alles andere, was uns an peripheren Gedanken und unklaren Gefühlen durchströmt, niemals den Weg auf den Bildschirm vor mir fand. Dadurch stand ihre Gedankenwelt die ganze Zeit in Beziehung zu ihren Nächsten, zu dem, was sie umgab, so dass ihre Welt in gewisser Weise geschlossen war. Und nichts ist charakteristischer für unsere Gegenwart, als dass sie weit offen steht: vom Aufstehen bis zum Schlafengehen werden wir mit Texten, Bildern und Nachrichten von nah und fern bombardiert. An diesem Morgen, da ich diese Zeilen in unserem Haus in London schreibe, habe ich in meinem Smartphone beispielsweise gesehen, dass José Mourinho neuer Trainer von Tottenham ist, nachdem der Verein gestern Pochettino entlassen hat, ich habe gesehen, wie das TV-Duell am Vorabend zwischen den Politikern Johnson und Corbyn und die Anhörungen zu Trump und der Ukraine gelaufen sind, ich habe von dem norwegischen Beamten gelesen, der in Russland als Spion verhaftet und zwei Jahre später wieder freigelassen wurde, er hatte am Vortag eine Pressekonferenz gegeben. Darüber hinaus habe ich einen Artikel gelesen, in dem es um MeToo und Presseethik ging. Ich habe außerdem ein paar Tweets auf Twitter gesehen, hauptsächlich von norwegischen Kritikern, und ein paar E-Mails gelesen und geschrieben. Als wir im Auto auf dem Weg zur Schule waren, hörten wir Radio, die Moderatoren interviewten einen Taxifahrer, er hatte »the knowledge« absolviert, die Londoner Taxifahrerprüfung, und sollte den Zuhörern nun Ratschläge geben. Sie spielten auch ein paar Lieder, an die ich mich aus den Neunzigern erinnerte, so dass ich mitsang, und jetzt, da ich dies schreibe, höre ich gleichzeitig einen Song von *The Psychedelic Furs*. Als ich nach Hause kam, rauchte ich im Freien eine Zigarette und sah mir dabei eine Kavalkade von Zlatan Ibrahimovics Toren für LA Galaxy an. Eines der größeren Kinder schaute im Wohnzimmer vor der Schule zehn Minuten *Vogue Channel* im Fernsehen, was ich aus den Augenwinkeln mitverfolgte, und das Baby von elf Monaten starrte auf *In the Night Garden*. All das sind nur einige der Dinge, die im Laufe der ersten zwei Stunden des Tages in mich hineinströmten.

In der Erzählung gibt es nichts davon.

Nur die Frau, die Mutter, die Pflegerin, später die Tochter und das, was zwischen ihnen geschieht.

Sollte ich eine literarische Methode haben, besteht sie darin, dass alles, was ich schreibe, den Augenblick sucht. Ich scheue Zusammenfassungen, Beschreibungen, die aus der Distanz ablaufen, Rückblenden. Über den Grund habe ich nie wirklich nachgedacht, es hat sich seit den allerersten Texten, die ich als Achtzehnjähriger schrieb, einfach so ergeben. Als ich mit neunzehn die Schreibschule Hordaland besuchte, versuchte ich jedoch ausgehend von zwei Romanen, die ich gelesen hatte, und die in meinen Augen diametral gegensätzlich waren, eine Art Poetik für mich selbst zu formulieren. Der eine war *Hunger* von Knut Hamsun – noch ein über hundert Jahre alter Roman! –, der andere *Die unerträgliche Leichtigkeit des Seins* von Milan Kundera. Der Erzähler in Kunderas Buch ist wie bekannt sichtbar im Text, eine Instanz, von der die Figuren umhergeschoben werden, und damit nicht nur allwissend, sondern auch in einer Weise schöpferisch, die das Erschaffen zu einem Teil des Romans macht, die Illusion sichtbar werden lässt. Der Erzähler in Hamsuns Roman ist dagegen so weit von einem allwissenden entfernt, wie es nur geht, er ist eine Instanz, die mit dem Ich-Erzähler identisch ist, wir sind in seinem Kopf und folgen seinen Gedanken, und alles spielt sich hier und jetzt ab, in einem extrem dichten und physisch gegenwärtigen Augenblick. Damals wusste ich nicht, warum ich Hamsuns vormoderne Nähe Kunderas postmoderner Distanz vorzog, aber seither habe ich mich in all den Jahren dort aufgehalten, im Augenblick, um daran zu arbeiten, Nähe zu erschaffen. Ich glaube, es hängt damit zusammen, dass die Welt uns im Augenblick durchströmt und wir die Welt durchströmen, was den Augenblick zu einem Ort des Austauschs macht. Ich möchte darüber schreiben, wie die Wirklichkeit *ist*, das habe ich immer gewollt, und sie existiert nur im Augenblick, dort allein manifestiert sie sich.

Außerdem habe ich in den Romanen, die ich gelesen habe, stets nach Identifikation gesucht, das heißt, ich habe immer Romane vorgezogen, in denen man den Figuren so nahekommt wie möglich, bis zu dem Punkt, an dem sie fast zu mir selbst werden. Einfühlung, Gegenwart, das ist das Wichtigste. Was bedeutet, dass Gefühle Vorrang vor Reflexionen haben, plötzliche Einfälle vor durchdachten Erkenntnissen. Andererseits: Wenn ich über mich selbst geschrieben habe wie in der autobiografischen Romanreihe *Min kamp*, habe ich den Augenblick häufig verlassen und mich in stärker essayistische Passagen begeben, nicht zuletzt, weil das Selbstporträt unvollständig geblieben wäre, wenn das theoretische und abstrakte Denken nicht enthalten gewesen wäre, aber auch, weil das in gewisser Weise vielleicht nicht dem Augenblick, aber doch der profanen Wirklichkeit entspricht – wenn das Denken oder das, worin es gedacht wird, in einer abgeschlossenen akademischen Welt geschieht, abgeschnitten vom grellen Licht der Supermärkte, der warmen Feuchtigkeit der Waschküchen, der eingesperrten Langeweile des Staus, wird es zu etwas Reinem und von der Wirklichkeit Unberührtem erhoben. Das ist notwendig, und daran ist nichts auszusetzen: Was mich interessiert, ist der Kontrast und was mit einem Begriff wie Wahrheit passiert, wenn sie ihr Leben im unsortierten Augenblick lebt und wenn sie in der strukturierten Idealwelt lebt. Denn so ist es ja, die Wahrheit des Augenblicks ist eine andere als die der Ewigkeit.

In all meinen Romanen habe ich mich dem Augenblick zugewandt, weil sich dort die Welt für uns öffnet. Und der Augenblick ist entstanden, während ich geschrieben habe, so wie der Augenblick entsteht, während er gelebt wird.

Doch in dieser Erzählung öffnete sich im Augenblick also nicht die gegenwärtige Welt, sondern eine andere, literarische oder vergangene, und zwar einfach wegen der Landschaft, die in meinem Inneren auftauchte, und weil die Person, über die ich schrieb, eine Frau war.

Das ist zweifellos eine Schwäche der Erzählung und eine Schwäche meines Schreibens.

Aber es gab wie gesagt noch einen zweiten Ausgangspunkt für meine Geschichte, Søren Kierkegaards Predigt *Die Lilie auf dem Feld und der Vogel unter dem Himmel*. Es geht darin um die Suche nach dem Reich Gottes, und ich glaube, der wichtigste Grund für meine Faszination an diesem Text war, dass das Reich Gottes gleichgestellt wird mit dem Augenblick, ja, es scheint, als *sei* der Augenblick das Reich Gottes. Wie gelangt man dorthin, lautet die Frage, die er stellt. Nun, indem man dem Beispiel der Lilie auf dem Feld und des Vogels unter dem Himmel, ihrer Gegenwart in der Welt folgt. Das zum Ideal zu erheben ist radikal, und wohl auch provozierend, weil diese Gegenwart willen- und ichlos ist – sie verlangt die Aufgabe unseres ganzen, identitätsgebundenen Wesens – und weil sie gedankenlos ist, aber auch weil sie so sorglos ist.

Ein guter Freund von mir, der Fotograf Stephen Gill, erzählte mir etwa zur selben Zeit von einem Paar Hohltauben, das auf seinem Grundstück nistete. Sie kamen im Frühjahr, bauten ihr Nest im Baum, legten Eier, bekamen Junge, fütterten sie, und dann, kurz bevor die Jungvögel flügge wurden, kam der Habicht und fraß sie alle. Im nächsten Jahre kehrten die Tauben wieder, bauten ihr Nest im selben Baum, als wäre nichts vorgefallen – und dann kam der Habicht und fraß die Jungen. Dies hatte sich jetzt vier Jahre hintereinander wiederholt, und als er es mir erzählte, hatten die Tauben gerade begonnen, das fünfte Nest an derselben Stelle zu bauen.

Ich nahm die Geschichte in meine Erzählung auf, in der das Nest vor dem Haus ist, weil sie so sehr dem gleicht, was Kierkegaard schreibt und preist: dass der Vogel nichts darum gibt, was passiert ist oder passieren könnte, stattdessen unermüdlich und frohgemut ein weiteres Mal sein Nest baut.

Bei mir hatte die Hauptperson Kierkegaards Text vor langer Zeit gelesen, er hatte sie damals sehr beeindruckt, und in den zwei Tagen, denen der Text folgt, kommt er ihr manchmal in den Sinn. In der letzten Szene denkt sie, während sie im Garten sitzt und auf ihre Tochter wartet, Folgendes:

Die Lilie und der Vogel waren im Reich Gottes. Und für uns führt der Weg dorthin durch sie hindurch, durch das, was sie waren.

Es ging darum, dass es zwischen ihnen und der Welt keinen Widerstand gab. Und dass es die Zukunft nicht gab. Das Reich Gottes war der Augenblick, in dem die Lilie auf dem Feld und der Vogel unter dem Himmel für immer waren.

Der Vogel war im Augenblick, deshalb konnte er genau dort ein neues Nest bauen, wo der Hühnerhabicht sich in den letzten vier Jahren seine Jungen geholt hatte. Die Vergangenheit gab es nicht, und die Zukunft gab es nicht, nur das Nest gab es und mit der Zeit die kleinen Jungvögel. Dass der Hühnerhabicht kommen würde, um sie sich zu holen, gab es im Augenblick nicht, und deshalb beschäftigten sie sich nicht damit.

Was dem Vogel widerfährt, betrifft ihn nicht, schrieb Kierkegaard.

Ist es uns möglich, so zu denken?

Dass uns das, was uns ereilt, nicht betrifft?

Es würde uns von allem Leiden befreien, und von allem Schmerz. Und es würde das Reich Gottes für uns öffnen.

Ich merkte, dass ich lächelte.

Das verlangte absolutes Vertrauen zu und absolute Hingabe an Gott. Und beides hatten die Lilie auf dem Feld und der Vogel unter dem Himmel. Selbst in der größten Trauer und in Erwartung des schrecklichsten nächsten Tages war der Vogel voller Freude. Die Trauer und der nächste Tag betrafen ihn nicht. All das hatte er auf Gott geworfen.

Gefügig sein, wie das Gras gefügig ist, wenn der Wind es biegt, dachte ich und sah auf: Von der Straße ertönten Schritte. Gleich darauf sah ich Lines Gestalt zwischen den Bäumen näher kommen, und ich stand auf, um sie zu umarmen.

Ein paar Monate, nachdem ich dies geschrieben hatte, las ich Rüdiger Safranskis meisterhafte Biografie über Martin Heidegger. Darin schreibt er über die Geschichte des Augenblicks, wann der Augenblick zu einem Ort erhoben wurde, an dem sich die Wahrheit oder das eigentliche Sein zeigte. Ich zitiere:

Heideggers Entdeckung und Auszeichnung des *Augenblicks* gehört zur fiebrigen Neugier und metaphysischen Experimentierfreude der zwanziger Jahre. Die philosophischen Entwürfe des Zeitenbruchs – von Ernst Blochs »Dunkel des gelebten Augenblicks« bis Carl Schmitts »Augenblick der Entscheidung«, von Ernst Jüngers »plötzlichem Schrecken« bis Paul Tillichs »Kairos« – bezogen sich alle, wie eben auch Heidegger, auf den *Augenblick*, dessen Karriere bei Kierkegaard begonnen hatte.

Safranski erwähnt darüber hinaus Nietzsche, Kafka, Otto, Ball und Brecht als Anhänger dieses Augenblickskults, und zitiert Walter Benjamin, der schrieb: »Das Jetzt der Erkennbarkeit ist der Augenblick des Erwachens.«

Ich erwähne das alles, weil es den Startpunkt für den Roman bildet, den ich im Moment schreibe. Die Erzählung von den drei Frauen in ihrem Zwanzigerjahredasein in unserer Zeit ist inzwischen eines der Kapitel darin. Jedes Kapitel hat einen anderen Ich-Erzähler, der sich mitten in seiner eigenen Zeit, seinem eigenen Augenblick befindet, mit allem, was das an unterschiedlicher Gegenwart und unterschiedlichen

Erkenntnisbeschränkungen mit sich bringt. Die Idee ist, dass es am Ende bis zu fünfzehn, vielleicht auch zwanzig verschiedene Erzähler sein werden. Frauen, Männer, Junge, Alte, jeder von ihnen mit seinem Beruf und seiner Herkunft.

Ich habe zweihundert Seiten geschrieben und weiß noch nicht, wovon das Buch handelt. Aber ich weiß, wovon ich es handeln lassen will. Lawrence Durrell sagte einmal, ein Kunstwerk zu erschaffen, heiße, sich ein Ziel zu setzen und anschließend im Schlaf dorthin zu wandeln. Das habe ich getan, ich habe mir zwei Ziele gesetzt, und nun bin ich schlafend auf dem Weg in diese Richtung.

Bei meinem ersten Ziel geht es um ein Gefühl, das mich seit Längerem umtreibt, dass die Zukunft nicht mehr existiert, weil die Jetztzeit uns in Formen vermittelt wird, die so fest sind und so auf Wiederholung basieren, dass das Zukunftsartige an der Zukunft, ihre Unvorhersehbarkeit, verschwunden ist, ähnlich einem Fluss, der in eine Röhre verlegt wird.

Bei meinem zweiten Ziel geht es darum, dass wir uns von der Natur abgewendet haben.

Wie schreibt man darüber einen Roman?

Natürlich kann man seine Figuren das denken und sich einen Rahmen und ein paar Situationen einfallen lassen, die das widerspiegeln, aber das wäre im Voraus vorhanden, und das Neue, an dem alles Schreiben teilhaben muss, wäre genauso abwesend wie die Entdeckung, also sich ins Ungewisse zu bewegen, abwesend wäre.

Ich denke, einen Roman zu schreiben, heißt, einen Raum zu erschaffen, in dem etwas gesagt werden kann. Der Roman ist der Raum, dieser Raum ist das Entscheidende, nicht das, was in ihm gesagt wird.

Das ist jedenfalls meine Erfahrung.

2004 begann ich einen Roman zu schreiben, der von meinem Vater und seinem Tod handeln sollte. Er basierte auf etwas, das ich selbst erlebt hatte, auf etwas Umwälzendem, fünf Tage in dem Haus, in dem mein Vater gestorben war und in dem meine Großmutter noch wohnte. Das Haus verfiel, überall waren Flaschen und Müll, und meine Großmutter stand unter Schock.

Aber sosehr ich mich auch bemühte, es gelang mir nicht, in einer Weise dorthin, in dieses Haus, zu kommen, die mir sinnvoll erschien. Das Haus, in dem mein Vater starb, nahm im Text mehr, als es gab. Ich schrieb Anfang auf Anfang, und tat dies drei Jahre lang, ohne von der Stelle zu kommen. Dann beschloss ich, um eine lange Geschichte kurz zu machen, es exakt so zu schreiben, wie es gewesen war, ohne literarische Ansprüche, ohne formale Forderungen, sozusagen in das Licht der Wirklichkeit getaucht: Da war ich, da war Vater, da war mein Bruder Yngve. Doch selbst dann konnte ich nicht in dieses Haus gehen. Das Haus musste geöffnet werden, was ich schließlich tat, indem ich dazu überging, hundert Seiten über ein paar banale und ereignislose Tage in meiner Jugend zu schreiben, die in eine Episode mündeten, in der mein Vater an einem gedeckten Tisch im Garten saß, während es dämmerte und ein Wind aus dem Wald aufstieg, er hatte Gäste, er war betrunken, und er weinte. Erst da konnte ich mich dem Haus nähern, in dem er zehn Jahre später sterben sollte. Und erst als ich dort war, begriff ich, dass dies nur der Anfang einer viel größeren Geschichte war, und dass *sie* der Roman war.

Was ich schrieb, weiß ich nicht mehr so genau, und jedes Mal, wenn ich das Buch aufschlage, bin ich erstaunt: Habe ich das geschrieben? Habe ich das gedacht? Hat mich das interessiert?

So ist es, gerade weil das Schreiben so eng mit dem Augenblick verknüpft ist: eine Assoziation ergibt eine andere, eine Szene führt zur nächsten, und der da assoziiert und führt, das bin nicht ich, der Autor, sondern die Begegnung zwischen mir und dem, was ich genau dort in mir habe, und die Form, die die Richtung des Geschriebenen ändert, schiebt es zu etwas anderem als dem, woher es kam, und diesem neuen Ort, der dadurch entsteht, begegne ich wiederum mit meinem Ich.

Hätte ich, sagen wir, drei Monate später begonnen den Roman zu schreiben, hätte er ganz anders ausgesehen und völlig andere Wege eingeschlagen. Hätte ich ihn jetzt angefangen, zehn Jahre später, wäre er nicht wiederzuerkennen gewesen.

Gleiches gilt für den Roman, an dem ich im Moment arbeite. Alles, worüber ich in den letzten Monaten und Jahren gelesen habe, fließt in ihn ein, oder ich suche nach Wegen hinaus, um zu all dem zu gelangen.

Einer der Bereiche, für die ich mich interessiert habe, ist der Gnostizismus, die Gedanken und Vorstellungen der religiösen Sekten in den Jahrhunderten vor und nach der Geburt Christi, die von Judentum und Christentum abwichen und als ketzerisch betrachtet wurden. Die nicht sanktionierte Religion, die selbstverständlich ebenso gut hätte sanktioniert und zu etwas werden können, was unsere Weltanschauung geformt hätte. Mich hat vor allem eine gnostische Vorstellung nicht losgelassen, dass Gott, wie wir ihn kennen, der Jahve des Alten Testaments, in Wahrheit der Teufel ist, und die Welt, in der wir leben, folglich die Hölle sein muss.

Ist das nicht eine fantastische Vorstellung?

Und sie erscheint noch dazu sinnvoll. Gottes Gegenwart ist an einigen Stellen im *Alten Testament* körperlich, er geht durch den Garten Eden und speist zusammen mit Abraham, außerdem sind seine Handlungen häufig grausam – nach der Mahlzeit mit Abraham löscht er Sodom und Gomorrha aus, durch die Sintflut tötet er alle Menschen und alles Leben auf Erden – und er zeigt menschliche, irdische Gefühle wie Eifersucht und Wut.

Ist diese Gottesgestalt nicht eher ein Teufel?

Aber wenn es so ist, was hat das mit der Jetztzeit ohne Zukunft zu tun? Und mit den Menschen, die sich von der Natur abgewandt haben?

Und mit unserer Gegenwart? Denn es glaubt ja niemand mehr an den Teufel?

Ich habe einen Roman über die Engel geschrieben, er spielte teilweise in der Bibel, womit ich meine, dass einige Bibelgeschichten wiedererzählt wurden, bei denen mein besonderes Augenmerk der Rolle der Engel darin galt. Schauplatz der Geschichten war übrigens eine westnorwegische Landschaft, in der Noah Bienen einräucherte, was ich meinen Großvater viele Male tun sah, während das fürchterliche Zittern meiner Großmutter zum Schicksal der Engel gehörte. Der Roman mit dem Titel *Alles hat seine Zeit* versucht herauszufinden, was mit den Engeln geschah, warum sie früher so oft gesehen wurden, heute dagegen nicht mehr. Es war eine Art Ideenroman, der ausgehend von einer halb religiösen, halb realistischen Mythologie, weit außerhalb unserer gegenwärtigen Wirklichkeit angesiedelt, versuchte, etwas über uns und unsere Zeit zu sagen.

Wie Sie wissen, ist der Teufel ein gefallener Engel. Aber ich habe nicht den Wunsch, diesen Roman zu wiederholen, so wenig, wie ich den Wunsch habe, *Min kamp* zu wiederholen.

Wie erschafft man einen Gegenwartsraum, der den Teufel in sich aufnehmen kann?

Viele Romane haben das getan. Thomas Manns *Doktor Faustus* und Michail Bulgakows *Meister und Margarita* sind vielleicht die beiden bekanntesten. *Doktor Faustus* ist ein durch und durch realistischer Roman, und das Problem der Gegenwart des Teufels im realistischen Raum wird dadurch gelöst, dass die Begegnung der Hauptfigur mit dem Teufel auf halluzinative und ambivalente Weise geschieht, sie könnte ebenso gut im Inneren der Hauptfigur stattfinden wie außerhalb von ihr, zu einem wirklichen Bruch mit dem Realismus kommt es also nicht. *Meister und Margarita* ist fantastischer: Der Teufel taucht einfach in Moskau auf, als wäre es das Natürlichste auf der Welt. Als Leser akzeptiert man das, allerdings als eine Fabel, will sagen, dass man sich mit der Geschichte identifizieren kann, aber nicht mit der Alltagswelt, in der sie sich abspielt.

Auch ich habe einmal über den Teufel geschrieben, in einer Sammlung kurzer Prosatexte, die den vier Jahreszeiten folgten und vier Bücher umfassten. Ich hatte gerade dreitausendfünfhundert Seiten über mein eigenes Leben geschrieben und wollte etwas völlig anderes machen. Kurzprosa habe ich immer geliebt, nicht zuletzt, nachdem ich Francis Ponges Bücher gelesen hatte. In Texten von etwa einer Seite schrieb er über materielle Dinge und Ereignisse wie Regen, Brot, Zigaretten, Orangen, halb essayistisch, halb poetisch, stets so wiedererkennbar wie überraschend. Als ich Ponge damals, in den Neunzigern, las, versuchte ich mich an einem großen Projekt mit Kurzprosa über materielle Dinge und biografische, lexikonähnliche Texte. Ich stellte mir vor, dass sie in der wirklichen Welt beginnen und langsam den Kontakt zu ihr verlieren würden, so dass die Welt am Ende eine andere wäre. Ich schrieb vielleicht siebzig Worte als Ausgangspunkte auf und setzte mich mit einem nach dem anderen von ihnen an den Bildschirm. Aber mir fiel nichts ein, ich hatte keine Ahnung, was ich über diese Dinge schreiben sollte, und was ich schrieb, war Selbstverständliches, also gab ich das Ganze auf. Als ich das Projekt nach *Min kamp* wiederaufnahm, gab ich den fantastischen Aspekt auf, behielt aber die Länge und das Lexikalische. Ähnlich wie damals sammelte ich eine Menge Worte für Dinge und begann zu schreiben. Die Regel lautete, ein Text pro Tag, der in einer Sitzung geschrieben werden musste. Ich begann um vier Uhr morgens und saß zunächst etwa eine Stunde vor dem Bildschirm und starrte die Worte an, denn die schwierigste Arbeit bestand darin, eins auszuwählen. Als das getan war, begann ich, die Gegenstände oder Phänomene zu beschreiben, woraufhin nur noch zählte, wohin der Text sie brachte. Es ist eine Methode, nicht unähnlich der Flauberts, die ich gestern erwähnte, nämlich Verzicht zu üben. Ich verzichtete auf die Erzählung, ich verzichtete auf das Psychologische, das innere Leben, ich verzichtete auf Länge und Fülle, und ich verzichtete auf eine zusammenhängende Wirklichkeit, eine komplette Welt. Daraus entstand etwas anderes, das ich außerhalb dieser Begrenzungen der Form niemals gedacht oder gesehen hätte. Zumindest teilweise hing es mit der Hierarchie der Dinge zusammen, wie wir die Elemente automatisch in unsere Wirklichkeit einordnen, aber es hatte auch mit der Verbindung zwischen den Dingen in der Welt und dem Körper und den Tieren zu tun, und schließlich mit den Erwartungen an Ordnung, System und Zusammenhang, die von der Präzision und Objektivität der Lexikonsprache geweckt und eingelöst werden. Jedenfalls hatte ich mir in einem dieser Texte vorgenommen, über die Daguerreotypie zu schreiben, also über die ersten Fotografien. Der Text begann mit der Unmöglichkeit, sich eine solche Abbildung der Wirklichkeit im Mittelalter vorzustellen, obwohl sie damals natürlich auch schon über alle nötigen Bestandteile verfügten, die zur Herstellung einer Fotografie benötigt wurden. Es lag einfach jenseits ihrer Reichweite, nicht physisch, sondern gedanklich, selbst für Faust und die Alchemisten mit ihrer Experimentierfreude und ihrem Wissensdurst. Für sie gab es die Fotografie nicht einmal in der Zukunft.

Anschließend beschrieb der Text die ersten Fotografien, die auf den ersten Blick nur wie vage Schatten aussehen, und danach das erste richtige Bild von der Wirklichkeit: eine Straße in Paris, gesehen von einem Fenster ein paar Etagen höher. Die Straße ist gespenstisch, weil sie völlig ohne Leben ist, obwohl das Licht und damit die Tageszeit eigentlich dafür sprechen, dass sie voller Menschen und Fuhrwerke sein müsste. So war es, weil die Belichtungszeit für diese ersten Aufnahmen so lang war, dass auf ihnen nur erschien, was vollkommen reglos war. Gebäude, Bäume, Straßenpflaster. Trotzdem steht auf dem rechten Bürgersteig eine einzelne Gestalt. Die Züge sind verschwommen, aber es handelt sich eindeutig um einen Mann. Es ist unheimlich, er ist der eine unter keinen, in der Menschenleere.

Wie ist er dorthin gekommen? Und wer ist er?

Der Text stellt die Theorie auf, er sei der Teufel. Er gehöre einer anderen Zeit an als die Menschen, seine Zeit sei die göttliche, also das Unveränderliche und Unbewegliche – das Einzige, was die Kamera registrieren kann.

Als ich den Text begann, hatte ich nicht an den Teufel gedacht, aber da stand er quicklebendig auf einer Straße in Paris in der Mitte des 19. Jahrhunderts.

Ein Jahr später besuchte ich meinen Freund Stephen. Er kauft immer alle möglichen Kuriositäten auf Flohmärkten, und diesmal zeigte er mir ein uraltes Grammophon, das er dort gefunden hatte. Er drehte es auf, setzte die Nadel auf die Rille, und aus dem großen, glänzenden Trichter strömte lustige Musik aus den zwanziger Jahren.

Ich war gebannt. Da war keine Elektrizität, keine Elektronik, nur pure und simple Mechanik: Ein Stift folgt einer sich drehenden Rille, und der erzeugte Ton wird von einem trichterförmigen Lautsprecher verstärkt. Der Ton kam aus der Materie: Es war die Welt, die sang. Die ersten Fotografien besaßen eine ähnliche mechanisch-materielle Einfachheit, eine Platte, ein paar Flüssigkeiten, eine Öffnung, die Licht hereinließ.

Bild und Ton kamen aus der Materie, aber wir beobachteten den Moment, in dem sie diese verließen. Der Sprung selbst wurde in Stephens Wohnzimmer sichtbar. Und es war ein großer Sprung, denn der Ton hob die Zeit des Klangs auf, so wie die Fotografie die Zeit des Sichtbaren aufhob. Ton und Bild waren nicht länger an den Augenblick gebunden, hatten sich vielmehr von ihm losgerissen und konnten zu jedem beliebigen Zeitpunkt abgerufen werden, ganz gleich, ob dies nun zehn Tage, acht Monate oder hundert Jahre später geschehen würde.

Es konnte doch kein Zufall sein, dass der Teufel ausgerechnet dort anwesend war, als das erste Foto der Welt gemacht wurde?

In der Folklore weist die Gestalt des Teufels tierische Züge auf, Schwanz, Hörner und Hufe, und er wird mit der materiellen, körperlichen

Welt assoziiert, im Gegensatz zu Gott und dem Göttlichen, die nicht von dieser Welt sind und mit Geist, Äther, Licht, also purer Körperlosigkeit verbunden sind. Im Buch der Weisheit steht, der Teufel habe den Tod in die Welt gebracht – »Doch durch den Neid des Teufels kam der Tod in die Welt« –, während Gott das ewige Leben repräsentiert. Aber wenn Gott in Wahrheit der Teufel ist, wie es Hunderte von Jahren am Rande der großen Religionen behauptet wurde, wer ist dann der Teufel? Ist er eigentlich Gott, und das, wofür er steht, ist eigentlich gut? Mit anderen Worten, ist das Körperliche, das Konkret-Materielle, das Tierische, Schmerz und Qual und Tod in Wahrheit das Gute, während das Geistig-Abstrakte und Ewige in Wahrheit das Böse sind?

Andererseits war es der Überlieferung nach der Teufel, der Eva verführte, die Frucht vom Baum der Erkenntnis zu speisen, und damit derjenige, der den Sprung auslöste vom Tier, das in der Welt ruht, das in der Welt ist, zum Menschen, der durch Erkenntnis eine Distanz zu ihr aufbaut, und fortan für immer heimatlos bleiben wird. Die zu Kierkegaards Gott gehörenden Menschen sind in dieser Vorerkenntniswelt zu Hause, in der eigener Wille und Ambivalenz, Zweifel und Wahl, zum Teufel gehören.

Der Roman ist der Ort der Ambivalenz par excellence, und in diesem Sinne ist der Roman die Form des Teufels. Die Frage lautet deshalb nicht, was gut oder schlecht ist, göttlich oder teuflisch, das Ziel ist nicht, zu einer Antwort zu kommen, sie lautet eher: Wie lässt sich das alles aktivieren?

Wie in der gestrigen Vorlesung mehrfach erwähnt, sind die literarischen Fragen für einen Schriftsteller stets praktischer Natur. Und für diesen Roman, den ich gerade schreibe, lautet die Frage, wie ich dieses ganze Feld in einer Form aktivieren kann, die so begrenzt ist? Ich habe eine lange Reihe von Erzählern, die alle ihr Leben in ihrer eigenen Welt führen. Sie sind mit größeren und kleineren Geschehnissen im Alltag beschäftigt. Sie haben Kinder, die sie zur Schule begleiten, sie haben Jobs, sie trinken Kaffee und spülen, und die großen Fragen zeigen sich ihnen wie uns allen in gelegentlichen kurzen Schlaglichtern. Dem steht der Überbau gegenüber, der ein fantastischer Überbau ist – fantastisch nicht im Sinne eines Qualitätsbegriffs, sondern als Bezeichnung für ein literarisches Genre, in dem Borges, Le Guin, Calvino und Cortázar schrieben –, und es ist beinahe so, dass eine realistische Erzählweise das Fantastische ausschließt, weil das Fantastische Glaubwürdigkeit verlangt, um zu funktionieren. Ein fantastisches Ereignis in einer fantastischen Wirklichkeit ist kein Problem – man denke nur an die Märchen –, aber ein fantastisches Geschehen in einer realistischen und wiedererkennbaren Wirklichkeit lässt sich schwieriger gestalten.

Ein Buch, das dies tut, ist ein Roman, den ich in unregelmäßigen Abständen gelesen habe, seit ich sechzehn war: *Dracula* von Bram Stoker. Der Text mag nicht wirklich gut geschrieben sein, aber er ist vollkommen glaubwürdig, und seine zentralen Ereignisse, die Taten des Vampirs, haben etwas zugleich Präzises und Abgründiges, da ihre Bedeutung nicht an den Text gebunden ist, sondern bei jeder Lektüre aktiviert wird.

Es muss nicht unbedingt eine Figur wie der Wal in *Moby Dick* sein, oder ein Ort wie das Sanatorium in *Der Zauberberg*, es müssen auch keine Vorkommnisse wie das Blutsaugen in *Dracula* sein, man kann sich dies auch als einen Zustand oder eine Erinnerung an einen Zustand vorstellen. Dass sich in der Welt etwas verändert und diese Veränderung für alle Erzähler sichtbar ist, die dies jedoch unterschiedlich begreifen, und dass dieses Neue sich sehr bedächtig entfaltet, weshalb es lange dauert, bis es als eine neue Wahrheit anerkannt wird.

So, habe ich mir überlegt, könnte die Verbindung zwischen Himmel und Erde, dem Alltäglichen und dem Fantastischen, dem Göttlichen und dem Teuflischen, verstanden als wirkliche, realistische, gegenwärtige Größen, in dem Roman etabliert werden. Das verlangt jedoch große Behutsamkeit und zahlreiche kleine Verschiebungen, und die Herausforderung ist vielleicht vor allem technischer Art. Schreibt man autobiografisch, bleiben einem solche Problematisierungen der Glaubwürdigkeit und die Frage, wie unterschiedliche Lebensbereiche in der Form einer Erzählung verbunden werden können, schon deshalb erspart, weil *alles*, was gedacht, was gefühlt, was getan wird, für den Roman im Prinzip von Interesse ist. Existiert es im Kopf, kann es auch im Buch existieren, in dem sämtliche Fäden aus der Welt im Ich zusammenlaufen.

Einen Roman mit mehreren Erzählern zu schreiben, konfrontiert einen zudem mit anderen Herausforderungen, deren vielleicht größte darin besteht, genügend Unterschiede zwischen ihnen zu etablieren, ohne dass sie dadurch zu Typen werden. Sie alle sind Teil der gleichen Sprache, meiner Sprache, was auch die Glaubwürdigkeit erschüttern kann, denn sieht man dann überall nur den Autor und nicht die verschiedenen Individuen? Damit der Roman funktioniert, ist es also äußerst wichtig, dass alle als eigenständige Figuren betrachtet und verstanden werden. Gleichzeitig glaube ich nicht daran, für jeden von ihnen eine eigene Sprache zu erfinden, egal, ob man von Sozio- oder Dialekten ausgeht, da ich denke, darin würde die Konstruktion auf jeden Fall sichtbar werden.

Zahlreiche Erzähler, die sich zur selben Zeit in derselben Stadt aufhalten, eröffnen einem andererseits fast unbegrenzte Möglichkeiten, gerade die Unterschiede zu erforschen, unsere unterschiedlichen Arten, die Wirklichkeit wahrzunehmen und zu begreifen. Jeder von uns hat sich schon einmal in einer aufgeheizten Situation befunden, die zu einem Streit führte, bei dem das Problem weniger darin bestand, wie die Situation gelöst werden könnte, sondern eher darin, worin die Situation eigentlich bestand. Man glaubt ja schnell, jedenfalls ich, dass alle den gleichen Blick auf das Geschehen haben. Das stimmt aber nicht, denn frühere Erfahrungen fließen genauso ein wie andere Gefühlsmuster und Gefühlsauslöser, ein anderer Wissensstand, andere Beziehungen, andere Verständnismodelle. Trotzdem denke ich, was uns verbindet, macht einen größeren Teil von uns aus, nicht zuletzt, weil die Welt durch Sprache geformt wird, die uns allen gemeinsam ist.

In den letzten Wochen habe ich ein anderes Buch gelesen, das mich beeindruckt hat, einen Klassiker der Biologie, den Sie sicher kennen werden, ich meine Jakob von Uexkülls *Streifzüge durch die Umwelten von Tieren und Menschen* von 1934. Es handelt davon, was unterschiedliche Tiere und Arten von ihrer Umgebung sehen und wahrnehmen, und vermittelt die im Grunde selbstverständliche, für mich dennoch schockierende Erkenntnis, dass die Welt der Tiere eine *radikal* andere ist als unsere, und darüber hinaus eine andere von Art zu Art. Das Tempo, in dem sich die Dinge ereignen, ist unterschiedlich, was existiert und nicht existiert, ist unterschiedlich, selbst wenn die Arten sich dasselbe physische Terrain teilen. Für das Leben der Tiere wie für das der Menschen gilt die gleiche Annahme, dass es sich in der Welt abspielt, durch die ich mich täglich bewege. Aber das stimmt nicht. Die Welt ist nicht *eine* Größe, es existieren Millionen Welten gleichzeitig. Sie werden im Blick der einzelnen Art, Tier oder Mensch, Fisch oder Insekt festgelegt, und, mit beträchtlich kleinerer Variationsbreite, in dem eines jeden Individuums innerhalb der Art.

Ich weiß nicht, warum mich dieses Gebiet so anspricht. Aber dass Tiere Subjekte sind, die in gewisser Weise ihre eigene Wirklichkeit erschaffen, durch die von ihren Sinnen und Bedürfnissen festgelegten Parameter, scheint mir eine ungeheuer wichtige Erkenntnis zu sein, nicht zuletzt heute, da wir dabei sind, uns von der Natur abzuwenden. Ich habe auch einen Dialog zwischen einem Philosophen und einem Biologen gelesen, der sein ganzes Leben damit verbracht hat, Affen darauf zu trainieren, mit Menschen zu kommunizieren, und die Frage, was eigentlich Sprache ist, was sie einem gibt und was sie fordert, führte mich zu Büchern über den Ursprung der Sprache und zu unserem fernen Vorfahren *Homo erectus*. Und gestern Abend, also an dem Abend, bevor ich diese Vorlesung schrieb, las ich einen Essay von Hans Jonas. Er war ein Schüler Heideggers und schrieb unter anderem ein Buch über die Gnosis, das ein Klassiker der Religionswissenschaft ist. Seine Philosophie geht, wie Sie wissen werden, nicht nur von dem einen Menschen aus, wie Heidegger es tat, sondern schließt alle Geschöpfe ein, und seine Ethik berücksichtigt auch die Konsequenzen unserer Handlungen für das Nicht-Menschliche. Wie dem auch sei, gestern las ich jedenfalls darüber, dass für die ersten Menschen alles lebendig war, nicht nur die Tiere und die Pflanzen, sondern auch der Wald und die Ebenen, das Meer und der Wind, die Erde und der Himmel. In einer Welt, in der alles lebendig ist, wird der Tod zum Mysterium. Der Tod passt nicht in das Weltverständnis, er wird zu einem Problem, das gelöst werden muss, und die Lösung kennen wir noch, sie lag in dem Gedanken, dass der Tod nicht endgültig war, sondern nur eine neue Phase repräsentierte, ein anderes Leben in einer jenseitigen Wirklichkeit. Daher die Gräber, die Opfer, die Beigaben, und dass man die Seelen der Verstorbenen beschwor. Auch das Tote war lebendig, und der Widerspruch war aufgehoben. In unserer Zeit, schreibt Jonas, nach der Kopernikanischen Revolution, verhalte es sich genau umgekehrt. Da wir heute wissen, dass wir uns auf einem unfassbar kleinen Planeten in einem gigantischen leblosen Weltraum befinden, ist das Tote die Norm, das Eigentliche, und das Leben bildet die Ausnahme, das Mysterium.

Jonas zufolge bestand die Lösung darin, mit dem Lebendigen so umzugehen, wie wir mit toter Materie umgehen, indem wir messen und wiegen und einteilen, aufschneiden, wegnehmen, hinzufügen, in einem Prozess, bei dem das Konkrete, der einzelne Körper mit all seinen Teilen, durch das Abstrakte gesehen wird, also nicht als das, was er gerade jetzt, in diesem Augenblick ist, sondern als das, was er immer repräsentiert.

Diese Interessen stecken wohl in erster Linie Grenzen ab: zwischen Mensch und Tier, Körper und Sprache, Leben und Tod und Geist und Materie, womit wir erneut bei der Grenze zwischen Gott und Teufel sind.

Durch meine Worte könnte der Eindruck entstanden sein, mein Roman wäre ein ideengeschichtliches Werk, was er nicht ist, davon ist er so weit entfernt, wie es nur geht. Weil ich es mir versage, Essays zu schreiben, mir versage, generelle Analysen durchzuführen. Ich will, dass dies alles irgendwie durch das Handeln einiger ganz normaler Menschen im Laufe einiger Monate im Bergen von heute zum Ausdruck kommt, die sich alle mit übernatürlichen Begebenheiten auseinandersetzen.

Es ist eine unmögliche Rechenaufgabe, eine hoffnungslose Gleichung. Aber auch eine verrückte Rechenaufgabe ist eine Rechenaufgabe. Und ein missglückter Roman ist auch ein Roman. Ich möchte damit schließen, einen kurzen Abschnitt aus diesem noch unfertigen Roman zu lesen. Einer der Erzähler, Arne, hat sich durch den Tag getrunken, und nun ist es Abend und er fährt mit dem Auto herum, während seine Kinder alleine zu Hause sind.

Es war ein guter Gedanke und ich behielt ihn auf der Fahrt zum Kai hinunter im Kopf. Hinter der Kurve, als die Straße wieder gerade verlief, bekam ich den Schraubverschluss ab und trank einen Schluck. Die nächste Kurve kam, bevor ich sie wieder zugeschraubt hatte, deshalb lenkte ich mit einer Hand und hielt die Flasche in der anderen.

Der Parkplatz vor dem Kiosk war leer. In den Fenstern brannte jedoch Licht, und ich sah die Silhouette einer Gestalt. Ich parkte und öffnete die Tür. Die Flasche noch in der Hand, verlor ich das Gleichgewicht, als ich mich aufrichtete, und musste zwei Ausfallschritte nach vorn machen.

Das mit der Flasche ist vielleicht nicht so schlau, dachte ich, schraubte den Deckel auf, legte sie vor dem Fahrersitz auf den Boden und sah dabei zum Kiosk hinüber, um zu prüfen, ob er oder sie etwas gesehen hatte.

Nein. Er oder sie saß dort mit gesenktem Kopf, und als ich näher kam, sah ich, dass das Gesicht von unten schwach beleuchtet wurde.

Ich klopfte mit dem Fingerknöchel an die Scheibe.

Er, denn es war ein Mann, ein pummeliger Bursche von etwa siebzehn Jahren, zuckte zusammen.

Ich führte vor meinem Mund Zeige- und Mittelfinger der einen Hand in der universellen Geste für Rauchen vor und zurück.

Er öffnete die Luke.

»Zwei Schachteln Marlboro, bitte«, sagte ich.

»Wird gemacht«, sagte er.

Ich steckte meine Karte in das Terminal, das er mir hinhielt und tippte den PIN ein, nahm die Schachteln und kehrte zum Auto zurück.

Auf dem Fahrersitz öffnete ich eine Schachtel, nahm ein Feuerzeug aus dem Handschuhfach heraus, zündete mir eine Zigarette an, trank ein paar Schlucke und schaute dabei auf den Jachthafen hinaus. Wenn die Flasche nicht fast leer wäre, könnte ich auf Trond Ole gut verzichten und einfach hier sitzen bleiben, dachte ich.

Auf dem Sitz neben mir leuchtete das Handy auf.

Ich griff danach. Ingvild hatte mir eine SMS geschickt.

»Wo ist Mama?«, schrieb sie.

Verdammt. Konnte ich denn nie einfach mal meine Ruhe haben?

»Das weiß ich doch nicht«, antwortete ich.

Dann ließ ich den Motor an, wendete und fuhr die Straße hinauf, die Zigarette weiter in der Hand. Es waren keine anderen Autos unterwegs, und die Polizei würde hier draußen um diese Uhrzeit nie im Leben kontrollieren, ich brauchte mir also keine Sorgen zu machen, dachte ich und gab Gas.

Wieder leuchtete das Handy auf. Den Blick auf die Straße gerichtet, tastete ich danach, spürte die harte Kante mit der Hand, hielt das Display vor mir hoch.

»Sie ist nicht hier«, stand da.

»Okay«, schrieb ich und legte das Handy weg. Die Straße führte durch den Wald, zu beiden Seiten standen schwarz die Bäume. Zwischen den Baumstämmen konnte man tagsüber an manchen Stellen kurz das Meer sehen, und es war immer schwer zu unterscheiden, ob das Rauschen nun von den Bäumen oder von den Wellen kam, die weiter unten ans Ufer schlugen.

Ich ließ die Scheibe herab und warf die Zigarette hinaus, zündete mir eine neue an und trank einen Schluck aus der

Flasche. Ich stellte sie in den Flaschenhalter, fassungslos, dass ich das nicht schon früher getan hatte. Dort stand sie auch ohne Verschluss sicher.

Eine neue Nachricht traf ein. Diesmal ließ ich das Handy liegen.

Die Straße beschrieb eine Kurve, und ich fuhr auf die lange, ebene Fläche hinaus.

Plötzlich knirschte es unter den Reifen, es klang wie eine Reihe kleiner Explosionen.

Ich bremste abrupt.

Hatte ich einen Platten?

Nein.

Da war etwas auf der Straße.

Auf der ganzen Straße.

Es schienen Steine zu sein. Aber sie bewegten sich.

Ich öffnete die Tür und stieg vorsichtig aus.

Die ersten waren etwa zehn Meter entfernt. Ich ging näher heran und sah, dass es Krebse waren.

Sie gaben tickende Laute von sich.

Ach du Scheiße.

Was war denn das?

Ich kehrte zum Auto zurück, setzte mich hinein und schloss die Tür.

Immer neue Krebse kamen von der Wiese auf die Straße.

Ich trank die letzten Schlucke Whisky und zündete mir eine Zigarette an.

Als wären sie von einer Macht gerufen worden. Als zöge es sie zu einem Licht.

Aber an Land?

Ja und? Sie wurden von Instinkten gesteuert, und warum sollten ihre Instinkte nicht versagen, wenn alles andere es tat?

Lange blieb ich sitzen und sträubte mich innerlich, ehe ich den Motor wieder anließ, denn es war unmöglich, über die Ebene zu kommen, ohne sie zu überfahren. Als ich mich so weit zusammengerissen hatte, dass ich den Gang einlegte und langsam vorwärtsrollte, flammte knapp über dem Bergrücken am Ende der Ebene der Himmel auf.

Es sah aus, als würde der Wald brennen.

Aber es war ein Himmelskörper, erkannte ich, denn das Licht stieg höher und löste sich nur einen Augenblick später vom Bergrücken.

Es war ein Stern.

Und was für ein Stern es war.

Ich schaltete den Motor ab und stieg aus, lehnte mich an die Motorhaube und sah zu ihm hoch. Hinter mir, auf dem Beifahrersitz, leuchtete erneut das Handy.

Quellen

Safranski, Rüdiger: *Ein Meister aus Deutschland. Heidegger und seine Zeit.* München: Carl Hanser Verlag 1994, S. 206–208.

*Die beiden Vorlesungen wurden am 2. und 3. Dezember 2019
im Rahmen der Tübinger Poetik-Dozentur gehalten.*

Penguin Random House Verlagsgruppe FSC® N001967

1. Auflage
Deutsche Erstveröffentlichung Februar 2023

Schutzumschlaggestaltung: buxdesign | Ruth Botzenhardt
unter Verwendung eines Motivs von
© The Picture Art Collection/Alamy Stock Foto
Satz: Uhl + Massopust, Aalen
Druck und Einband: CPI books GmbH, Leck
RK · Herstellung: sc
Printed in the Czech Republic
ISBN 978-3-442-77277-3

www.btb-verlag.de
www.facebook.com/btbverlag